BAC

1re Tle

CARNET DE RÉUSSITE

Spécialité SES

SOUS LA DIRECTION DE

Didier ANSELM

Professeur au lycée Charles-Gabriel Pravaz, Pont-de-Beauvoisin (38)
INSPE, académie de Grenoble (38)

Nicolas OLIVIER

Professeur au lycée Blanche de Castille, Villemomble (93)

Éric CASSAGNE

Professeur au lycée Pape Clément, Pessac (33)

Aurélie GIRERD-CHANET

Professeure au lycée des Glières, Annemasse (74)

Christophe VISCOGLIOSI

Professeur au lycée Olympe de Gouges, Noisy-Le-Sec (93)

Pour réviser les notions, 33 exercices interactifs !

Exercices interactifs
Toutes les notions de 1re et Tle
hatier-clic.fr/21cses002

Hatier

Sommaire

PARTIE 1 Mes outils pour apprendre

PARTIE 2 Les notions du cycle terminal

PARTIE 3 Les savoir-faire en SES

PARTIE 4 Les méthodes BAC

© Hatier, 2021. ISBN : 978-2-401-07749-2

PARTIE 1 Mes outils

pour apprendre

1 Le calendrier du cycle terminal

Le travail en 1re et Tle s'organise autour de 3 axes :

- organiser les **apprentissages** et les **révisions** pour les évaluations ;
- se préparer aux **épreuves du bac** (épreuves communes, épreuves de spécialité et Grand oral) ;
- construire son **projet d'orientation**.

MON ANNÉE DE PREMIÈRE

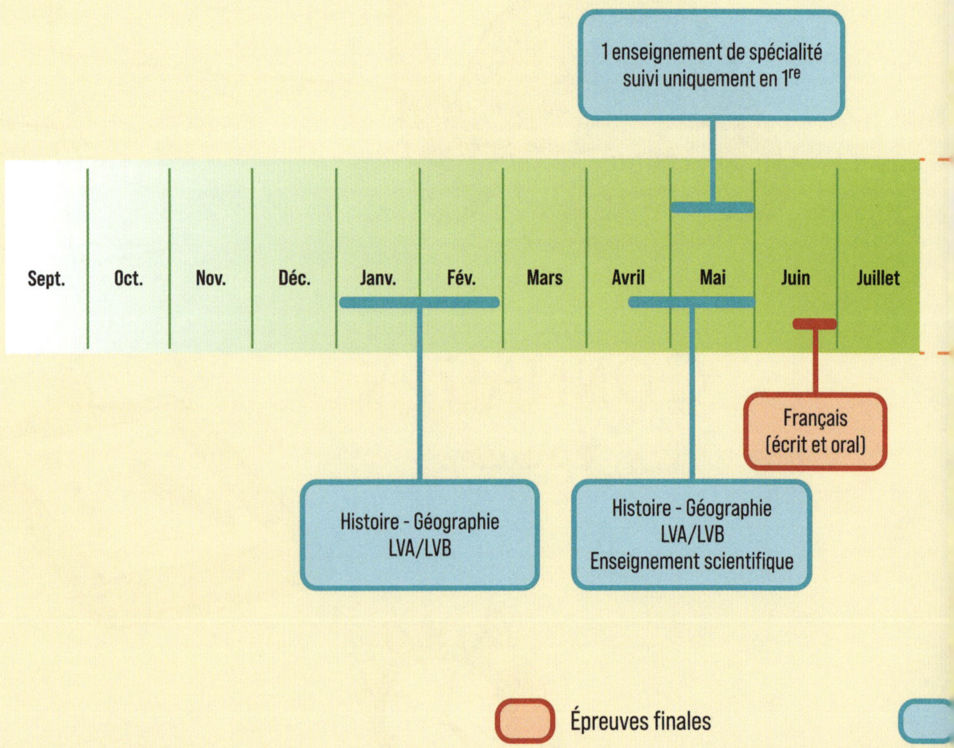

ZOOM

Préparer son projet d'orientation

Dès l'année de 1re, commencez à réfléchir à votre projet de poursuite d'études (et/ou professionnel).

1. **Recherchez des informations** auprès de vos professeurs, au CIO, dans des revues ou des sites spécialisés, en questionnant votre entourage, en réalisant des stages…
2. **Classez les informations recueillies** : type de formation, débouchés, lieux de formation, durée et coût des études, transports, logement…
3. **Confrontez ces informations** à vos contraintes et à vos goûts pour déterminer vos préférences.
4. **Finalisez votre projet** : inscription sur Parcoursup, inscription dans l'établissement de formation, demande de bourse, recherche de logement…

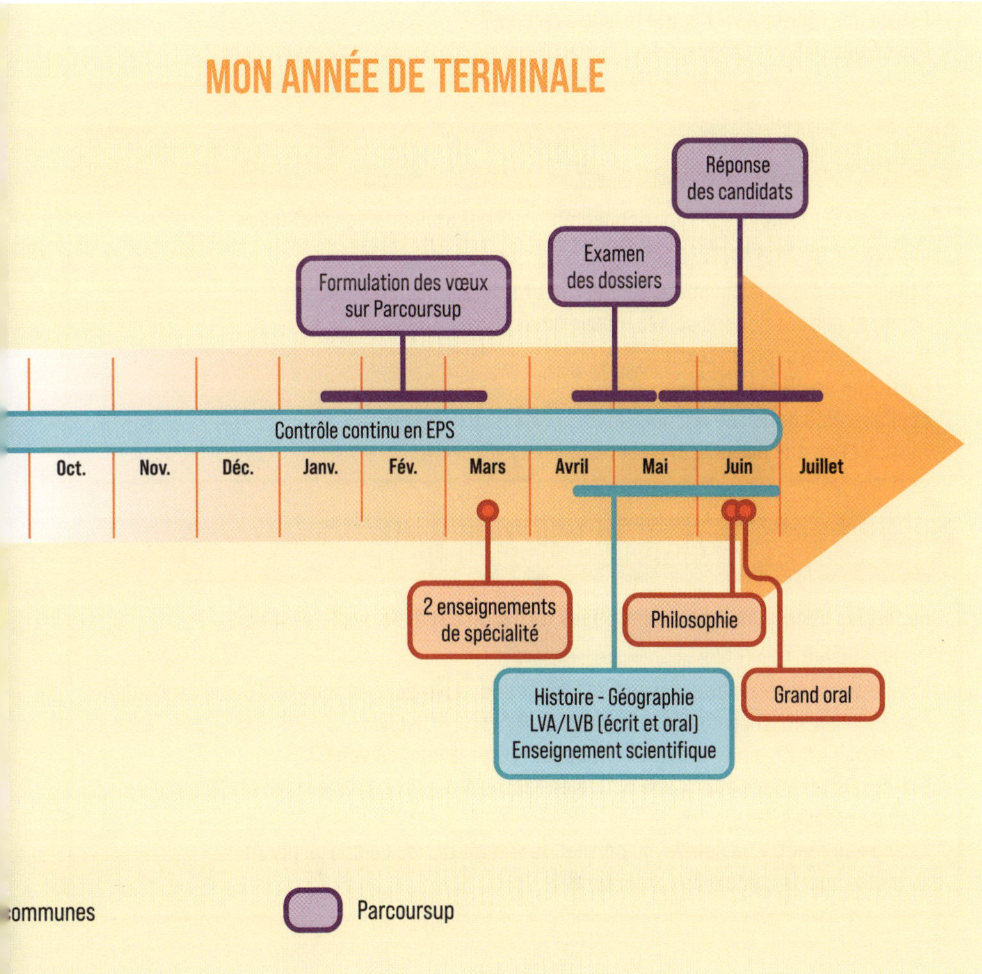

2 Apprendre à apprendre

En s'intéressant à notre **manière d'apprendre** (fonctionnement cognitif), on apprend à mieux se connaître et à adopter les **méthodes** qui nous correspondent. On apprend à mieux s'organiser et ainsi à travailler plus **rapidement** et **efficacement**.

Connaître son fonctionnement cognitif

Il s'agit d'identifier sa manière d'apprendre. Pour cela, on peut se poser des questions :

- Est-ce qu'avoir des exemples m'aident à comprendre ?
- Est-ce que je retiens mieux avec des images ? des schémas ?
- Est-ce j'apprends plus facilement en lisant ? en écoutant ?
- Est-ce que réciter à voix haute m'aide à retenir ?
- Est-ce que débattre avec quelqu'un, participer en classe m'aide à mémoriser ?

Adopter les bonnes méthodes

En connaissant mieux son fonctionnement, on peut appliquer les méthodes qui nous correspondent, par exemple :

- Utiliser des moyens mnémotechniques pour retenir une date, une définition…
- Schématiser des notions ou des mécanismes.
- Relire plusieurs fois un texte.
- Participer en classe.
- Expliquer une notion ou un mécanisme à voix haute à quelqu'un.
- Associer dès que possible une connaissance à un exemple.

Repérer la situation adéquate pour utiliser ces méthodes

Une fois les bonnes méthodes identifiées, réfléchissez dans quelle situation les appliquer, par exemple :

- Est-ce que rédiger un brouillon est adapté pour une partie ou la totalité d'une dissertation ?
- Dans quelles situations relire sa leçon la veille est-il efficace : pour réussir un devoir le lendemain ? pour préparer le cours à venir ?
- Est-ce que je retiens mieux une notion en l'associant à un exemple ou en l'expliquant à mes camarades ?
- Est-ce que répéter en boucle me permet de retenir toute la leçon ou plutôt des textes courts comme des définitions ?

Les 4 piliers de l'apprentissage

1 L'attention

Ne pas se laisser distraire, se concentrer et canaliser son attention.

2 L'engagement actif

Être actif (en classe et à la maison), se tester, s'autoévaluer, s'investir dans ses apprentissages.

3 Le retour d'information

Repérer ses erreurs et les accepter, utiliser l'erreur pour progresser et avancer.

4 La consolidation

Réviser ses connaissances régulièrement pour bien apprendre et mémoriser.

Vidéo
Les 4 piliers pour apprendre (S. Dehaene)
hatier-clic.fr/21cses003

LES BONS RÉFLEXES !

- Être attentif en classe.
- Participer aux échanges pendant le cours.
- Avoir un sommeil suffisant (au moins 8 heures par jour).
- Revoir ses notes après le cours.
- En plus de la relecture des cours, prévoir des activités pour réviser.
- Multiplier les outils et moments de révision.
- Revoir les corrections des devoirs.
- Développer des outils pour la mémorisation ▶ Fiches **3** à **5** p. 10 à 15

3 Construire une fiche de révision

Après avoir repris ses notes de cours et résumé celles-ci, il est très utile de faire une **fiche de révision**, sorte de « tableau de bord » des connaissances à mobiliser lors de l'épreuve.

Exemple de fiche sur un chapitre de 2de

« Comment crée-t-on des richesses et comment les mesure-t-on ? »

Je regroupe toutes les notions liées au thème du chapitre. Je dois savoir les définir et les illustrer par des exemples.

Je liste les dates, événements et faits marquants liés au thème du chapitre.

NOTIONS ESSENTIELLES	FAITS À RETENIR
• Production marchande et non marchande • Entreprises • Administration	• La diversité des producteurs
ENCHAÎNEMENTS ET MÉCANISMES	**PROBLÉMATIQUES ET SUJETS**
La production résulte de la combinaison de facteurs (travail, capital)	• Quels sont les principaux indicateurs de création de richesse de l'entreprise ?
INDICATEURS	**POINTS DE VIGILANCE**
• Chiffre d'affaires • Valeur ajoutée • Bénéfice	Ne pas confondre la valeur de la production avec la valeur ajoutée

Je note les liens de causes à effets lorsqu'il y en a. Je dois savoir décrire et expliquer les mécanismes.

J'identifie les questions qui pourraient m'être posées autour de ce thème.

Je rassemble les indicateurs liés au thème. Je dois savoir les définir et/ou connaître leur formule mathématique.

J'indique les erreurs à ne pas commettre et que j'ai identifiées pendant le cours et les activités d'entraînement.

À votre tour !

EXERCICE 1 1re

- Voici une liste d'éléments liés au chapitre étudié en 1re :
« Comment la socialisation contribue-t-elle à expliquer les différences de comportement des individus ? ». Classez-les dans la fiche ici proposée.

a. Configurations familiales : part des enfants en % dans les différentes formes de ménages.

b. La socialisation primaire est différenciée selon les milieux sociaux.

c. Ne pas confondre socialisation et sociabilité.

d. En quoi la socialisation primaire peut-elle affecter la réussite scolaire ?

e. Statut social, position d'un individu dans une organisation sociale.

f. L'identification à un de ses parents renforce la socialisation genrée chez l'enfant.

Notions essentielles	....
Faits à retenir	....
Enchaînements et mécanismes	....
Problématiques et sujets	....
Indicateurs	....
Points de vigilance	....

EXERCICE Tle

- Voici une liste d'éléments liés au chapitre étudié en Tle :
« Quels sont les sources et les défis de la croissance économique ? ».
Classez-les dans la fiche ici proposée.

1. Le PIB n'est pas de 2 %, c'est sa croissance qui est de 2 %.
2. En France, les Trente Glorieuses marquent la plus forte période de prospérité économique.
3. La croissance est l'augmentation durable sur un territoire de la production de biens et services.
4. Le TCAM permet de mesurer la croissance annuelle moyenne sur une période.
5. La destruction créatrice, par les suppressions de certains emplois et l'augmentation des emplois très qualifiés, produit des inégalités de revenus.
6. Qu'est-ce qu'une croissance économique soutenable ?

Notions essentielles	....
Faits à retenir	....
Enchaînements et mécanismes	....
Problématiques et sujets	....
Indicateurs	....
Points de vigilance	....

4 Réaliser une carte mentale

- La **carte mentale** est une **représentation schématique** permettant **d'ordonner** et d'**organiser** ses connaissances et ses idées. Elle peut servir pour mémoriser un cours, aider à la prise de notes et leur mise en forme, présenter un raisonnement (à l'écrit ou à l'oral).
- On peut distinguer **deux grands types de cartes mentales**.

1 Présenter une notion

La carte mentale comporte alors une notion centrale (dans l'exemple ci-dessous, la notion de Production) et, autour, celles qui lui sont associées.

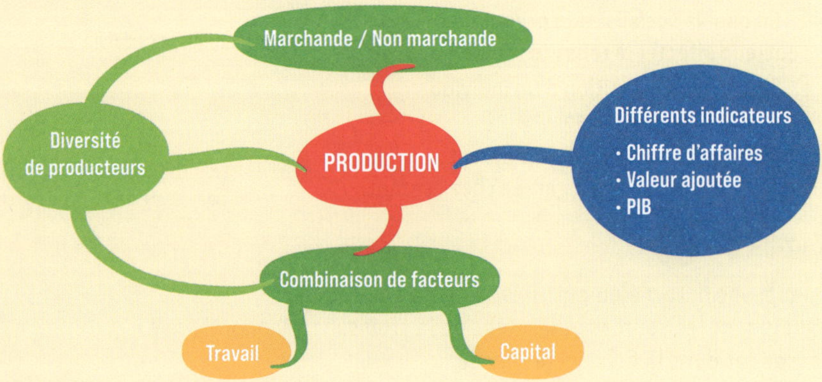

2 Organiser ses idées pour répondre à une problématique

Vous pouvez préparer des cartes mentales sur les principales problématiques du programme lors des révisions ou encore réaliser une carte mentale pour ordonner votre plan et répondre à un sujet lors des épreuves.

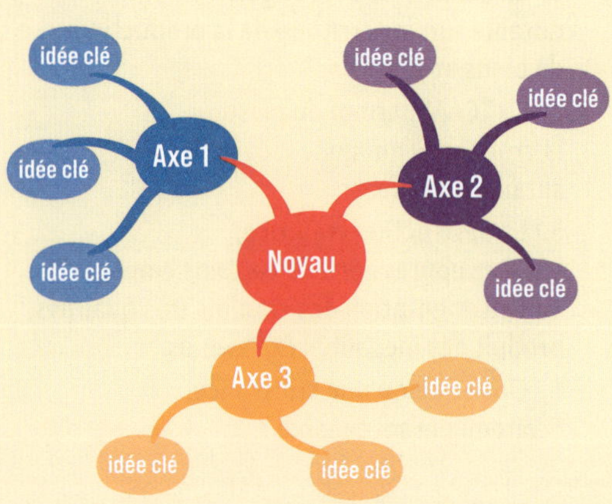

Exemple de carte mentale sur les sources de la croissance

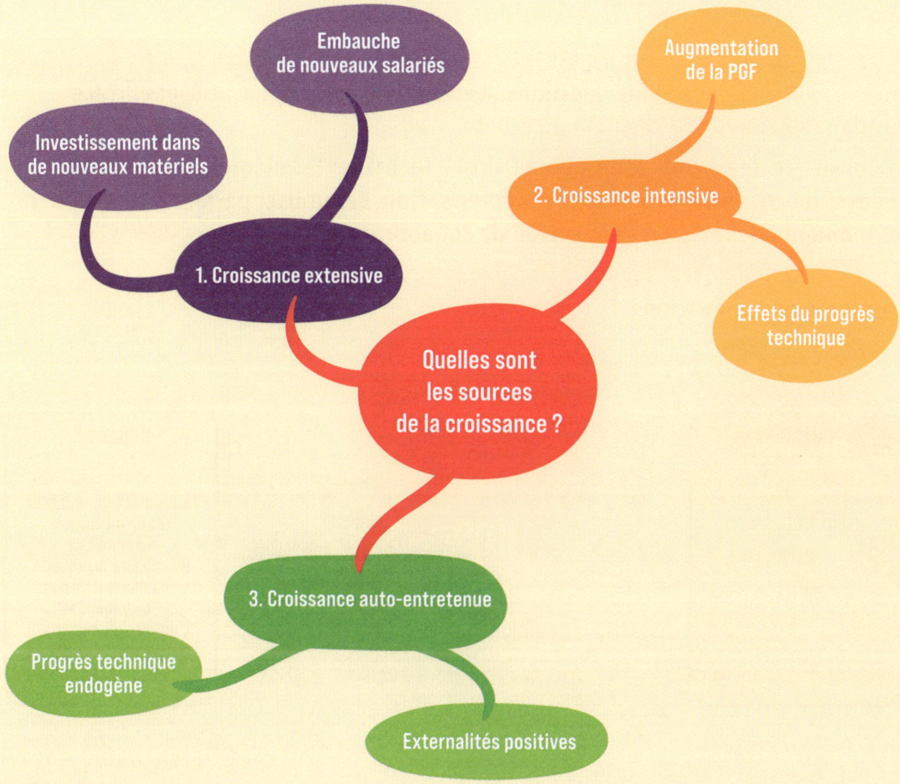

LES BONS RÉFLEXES !

- Pour réaliser une carte :
  - Mettre **au centre la notion** ou la question.
  - Chaque **branche** représente une notion ou une idée principale.
  - Les branches et sous-branches doivent être en **nombre limité** pour la lisibilité.
  - Pour une présentation efficace, se servir de **couleurs différentes** pour les branches.
  - Pour une **présentation numérique**, se servir d'images, de liens vers des sites.
- Vous pouvez réaliser des cartes mentales avec des logiciels ou des outils en ligne comme Mindmaps.

Site
Mindmaps
hatier-clic.fr/21cses004

5 S'entraîner avec des mémocartes

- La **mémorisation active**, c'est **transformer les éléments de savoir en questions**. Se poser une question est en effet beaucoup plus utile et efficace que de simplement lire, regarder ou écouter.
- Construire des mémocartes permet ainsi d'**identifier les éléments à apprendre** et constitue une première phase de **mémorisation**. Les utiliser permet de **multiplier les moments de révision et le travail de collaboration** avec d'autres élèves.
- Il est possible de réaliser soi-même des cartes de mémorisation, avec **3 types de questions**.

1 Présenter une notion

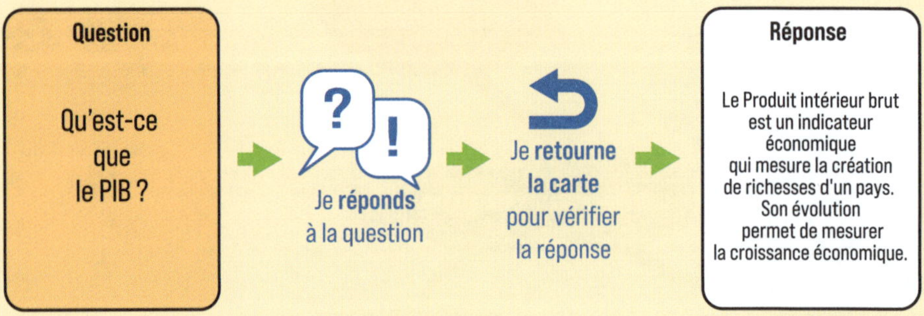

LES BONS RÉFLEXES !

→ Vous pouvez utiliser des logiciels d'auto-tests, ou créer en ligne vos propres mémocartes.

Site
Quizlet
hatier-clic.fr/21cses005

→ Vous pouvez **« jouer » avec d'autres élèves** en mettant des mémocartes en commun. Cela permet des échanges et favorise la compréhension et la mémorisation.

2 Illustrer une notion avec des exemples

Question

Donnez des exemples d'externalité.

Je **réponds** à la question

Je **retourne la carte** pour vérifier la réponse

Réponse

Une externalité peut être positive (reprise de l'activité économique grâce au vaccin) ou négative (pollution liée à la production).

3 Décrire un mécanisme

Question

Quel sont les effets d'une hausse de la demande globale ?

Je **réponds** à la question

Je **retourne la carte** pour vérifier la réponse

Réponse

La hausse de la demande globale (consommation et investissement) entraîne une hausse de la production ce qui favorise l'emploi.

Vous pouvez aussi **classer les cartes** dans trois boîtes pour identifier ce qui est maîtrisé ou non.
Si on répond bien, on avance d'une boîte et si on fait une erreur, on recule.
On continue jusqu'à ce que toutes les cartes soient dans la boîte 3.

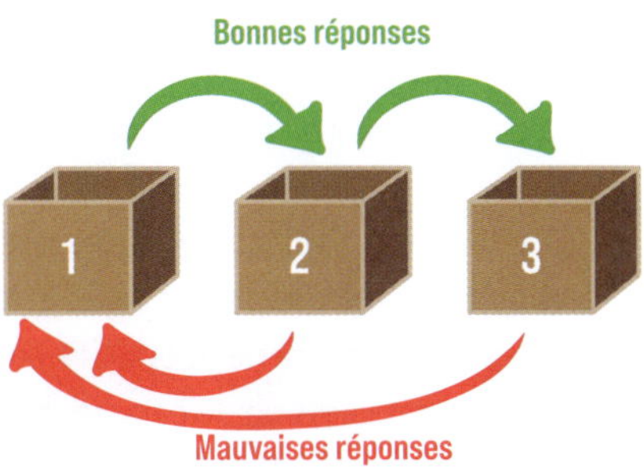

6 Connaître les épreuves

Testez-vous !

Site
Bulletin officiel
hatier-clic.fr/21cses006

1. Connaissez-vous les épreuves écrites ?

a. **Pour l'épreuve de spécialité de SES, vous avez le choix :**
- ☐ entre deux dissertations
- ☐ entre deux épreuves composées
- ☐ entre une dissertation et une épreuve composée

b. **La durée de l'épreuve de SES est de :**
- ☐ 2 heures
- ☐ 3 heures
- ☐ 4 heures

c. **Le coefficient affecté à l'épreuve de spécialité SES est de :**
- ☐ 16
- ☐ 12
- ☐ 8

2. Connaissez-vous l'épreuve composée ?

a. **L'épreuve composée se décline :**
- ☐ en trois sous-épreuves
- ☐ en deux sous-épreuves
- ☐ en une seule épreuve

b. **La partie 1 de l'épreuve composée consiste à :**
- ☐ étudier un document
- ☐ mobiliser ses connaissances
- ☐ rédiger un raisonnement organisé

c. **La partie 3 de l'épreuve composée s'appuie sur un dossier documentaire.**
- ☐ Vrai
- ☐ Faux

3. Connaissez-vous l'épreuve de la dissertation ?

a. **Pour la dissertation, vous devez :**
- ☐ Répondre à la question posée par le sujet
- ☐ Mobiliser des informations tirées du dossier documentaire
- ☐ Mobiliser des connaissances pertinentes pour traiter le sujet

b. **Une dissertation est composée :**
- ☐ d'un développement et d'une conclusion
- ☐ d'une succession de paragraphes argumentés
- ☐ d'une introduction, d'un développement organisé et d'une conclusion.

c. Le dossier documentaire de la dissertation est composé de :
- ☐ 3 ou 4 documents de nature strictement factuelle
- ☐ 3 ou 4 documents explicatifs
- ☐ 3 ou 4 textes

4. Connaissez-vous les épreuves orales ?

Site — Le Grand oral — hatier-clic.fr/21cses007

a. Pour le **Grand oral**, les deux sujets peuvent ne traiter que d'une spécialité.
- ☐ Vrai ☐ Faux

b. Lors de la 2e partie de l'épreuve, le jury peut vous poser des questions :
- ☐ en lien avec la question traitée uniquement
- ☐ en lien avec les programmes de vos deux spécialités

c. Votre question est satisfaisante si :
- ☐ elle est pertinente par rapport au(x) programme(s) de(s) spécialité(s)
- ☐ vous pouvez la traiter en 5 minutes
- ☐ elle n'a jamais été traitée auparavant
- ☐ elle est en lien avec votre projet de poursuite d'études (ou professionnel)

d. Si ma moyenne au bac en juin est comprise entre 8 et 10, je passe une **épreuve de rattrapage**.
- ☐ Vrai ☐ Faux

e. L'épreuve de rattrapage en SES est une **épreuve orale de contrôle** qui porte sur la même partie du programme que l'écrit.
- ☐ Vrai ☐ Faux

LES BONS RÉFLEXES !

→ Pour **être capable de répondre aux attendus**, il faut bien se préparer tout au long des années de 1re et Tle.
- Pour les études de documents statistiques ▶ Fiches **41 à 54** p. 90 à 117
- Pour traiter les différents sujets et parties de l'épreuve écrite ▶ Fiches **55 à 65** p. 120 à 141

→ Pour **réussir les épreuves**, il faut connaître les **compétences à acquérir** et les **critères de réussite**.

Document — Grilles d'évaluation — hatier-clic.fr/21cses008

7 Gérer le temps lors de l'épreuve écrite

- L'épreuve de spécialité en T^le^ a lieu en mars et porte sur 8 chapitres du programme. C'est une **épreuve écrite de 4h,** avec un **coefficient 16**.
- **Deux sujets de nature différente** sont proposés **au choix**. Il faut prendre le temps de lire les deux sujets afin d'identifier celui qu'on peut le mieux réussir.

DISSERTATION s'appuyant sur un dossier documentaire

ÉPREUVE COMPOSÉE en trois parties distinctes

Les 3 parties étant indépendantes, vous pouvez répondre aux questions dans l'ordre que vous voulez.

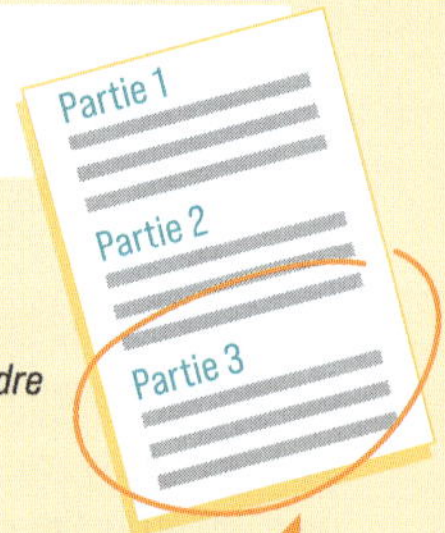

- Pour **la dissertation** et **la partie 3 de l'épreuve composée**, on retrouve les **5 mêmes étapes** :

1. Analyser le sujet — Fiche **61** p. 132
2. Mobiliser ses connaissances — Fiche **58** p. 126
3. Étudier les documents — Fiche **63** p. 136
4. Organiser un plan — Fiche **64** p. 138
5. Rédiger le devoir — Fiches **59** p. 128 et **65** p. 140

- Pour la dissertation, comme pour la partie 3 de l'épreuve composée, il faut rédiger une **réponse structurée** (introduction, développement, conclusion; Fiche **57** p. 124) à l'aide de ses connaissances et du dossier documentaire.

Il s'agit donc d'estimer la **durée à consacrer à chaque étape** pour rédiger cette réponse.

DISSERTATION		4h
ÉPREUVE COMPOSÉE	Partie 1	≃ 30 min
	Partie 2	≃ 1 h
	Partie 3	> 2 h

À votre tour !

EXERCICE 1

1. Complétez le tableau suivant en indiquant le temps nécessaire selon vous pour réaliser chacune des étapes de la dissertation.

	Étape 1	Étape 2	Étape 3	Étape 4	Étape 5
Temps estimé	....	....	....	....	....

2. Procédez de même pour la partie 3 de l'épreuve composée.

	Étape 1	Étape 2	Étape 3	Étape 4	Étape 5
Temps estimé	....	....	....	....	....

EXERCICE 2

1. Lors des différentes dissertations (ou parties 3 d'épreuves composées) **réalisées en classe ou à la maison, notez dans le tableau ci-dessous le temps passé pour chacune des étapes.**

	Étape 1	Étape 2	Étape 3	Étape 4	Étape 5
Épreuve 1	....	....	....	....	....
Épreuve 2	....	....	....	....	....
Épreuve 3	....	....	....	....	....
...	....	....	....	....	....

2. À la suite de ces observations, estimez l'organisation la plus efficace durant les 4 heures d'épreuve. Si le temps vous a manqué, à quelle étape pourriez-vous en gagner ? Au contraire, si vous avez fini avant les 4 heures, à quelle étape consacrer plus de temps pour améliorer votre performance ?

3. Notez ci-dessous la gestion du temps la plus adaptée pour l'épreuve terminale.

Dissertation

- Durée étape 1 : ....
- Durée étape 2 : ....
- Durée étape 3 : ....
- Durée étape 4 : ....
- Durée étape 5 : ....

Épreuve composée

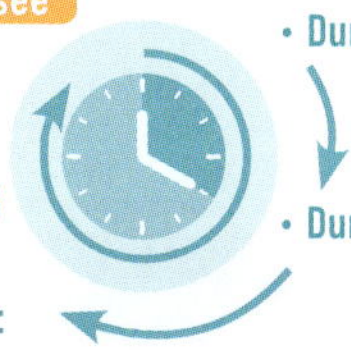

- Durée partie 1 : ....
- Durée partie 2 : ....
- Durée partie 3 décomposée (en 5 étapes) :
  1. .... 2. ....
  3. .... 4. .... 5. ....

PARTIE 2

Les notions

du cycle terminal

INÉGALITÉS

ET
JUSTICE SOCIALE

Exercices interactifs
Toutes les notions de 1re et Tle
hatier-clic.fr/21cses002

POUVOIR

POLITIQUE

MONNAIE
ET
BANQUES

STRUCTURE SOCIALE

ET MOBILITÉ

SOCIALISATION

8 Échanges commerciaux et spécialisation internationale

Tle

Rappels

- Les échanges sur le marché permettent la confrontation d'une **offre** et d'une **demande**, qui se croisent en un **prix d'équilibre**. Ce prix d'équilibre permet de maximiser les surplus du producteur et du consommateur.

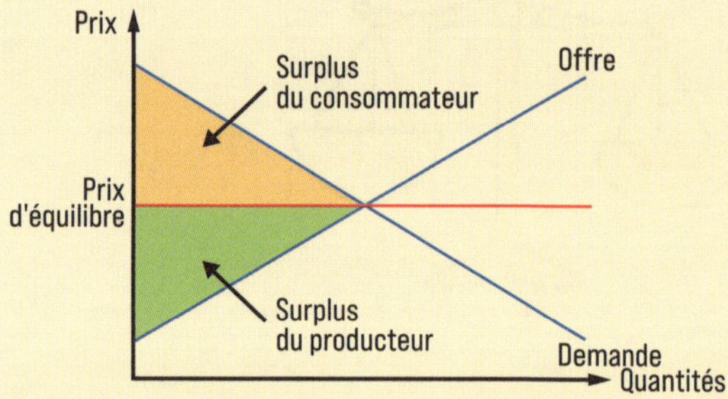

- Les **échanges internationaux** permettent donc de maximiser, sur les marchés internationaux, les surplus des producteurs et des consommateurs.

Échanges et spécialisations basés sur des produits différents

Les échanges internationaux des pays et leur spécialisation peuvent s'expliquer par :

- L'existence d'**avantages comparatifs** (fondés sur des dotations technologiques). Selon David Ricardo (économiste britannique), les pays doivent se spécialiser dans les productions pour lesquelles ils disposent du plus gros avantage ou du plus petit désavantage en matière de coûts de production ou de productivité. Cette **spécialisation** génère des gains à l'échange pour les participants aux échanges internationaux.
- L'existence de **dotations factorielles** (combinaison de capital et de travail spécifique à un pays). Un pays aura intérêt à se spécialiser dans les productions utilisant le facteur de production dont il dispose en abondance.

À votre tour !

- Complétez le texte à l'aide du tableau.

Nombre d'heures de travail nécessaires pour fabriquer...	...1 unité de drap	...1 unité de vin
Au Portugal	100	80
En Angleterre	120	140

Au Portugal, il faut .... heures de travail pour fabriquer une unité de drap et .... heures de travail pour fabriquer une unité de vin. La fabrication d'une unité de drap et d'une unité de vin nécessite donc de mobiliser .... heures de travail. En Angleterre, il faut .... heures de travail pour fabriquer une unité de drap et .... heures de travail pour fabriquer une unité de vin. Quelle que soit la production, il faut moins d'heures au Portugal qu'en Angleterre pour fabriquer du drap ou du vin. Le Portugal a donc un avantage absolu dans la production de drap et de vin.

Cependant, l'avantage du Portugal est plus fort dans la production de .... que dans la production de .... Il a donc un avantage comparatif dans la production de vin et l'Angleterre a un avantage comparatif dans la production de drap. Le Portugal doit donc se spécialiser dans la production de ...., l'Angleterre dans la production de ....

Échanges et spécialisations basés sur des produits similaires

- Certains échanges internationaux portent sur des **produits similaires** et sont effectués par des **pays aux spécialisations relativement identiques**.
- Plusieurs raisons peuvent expliquer ces échanges :
  - Un besoin de **différenciation des produits** : les consommateurs d'un produit peuvent disposer d'un plus grand choix (**différenciation horizontale**), mais aussi avoir accès à différents niveaux de qualité de ce même produit (**différenciation verticale**).
  - L'échange de **produits intermédiaires** au cours des différents étapes de la chaîne de valeur, réalisé notamment par les firmes transnationales (FTN).

À votre tour !

- Précisez, pour chacune des situations suivantes, ce qui motive les échanges entre la France et les États-Unis.

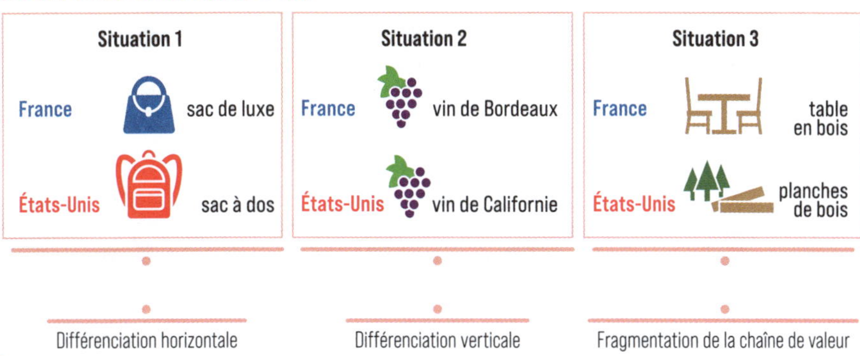

9 Les stratégies des FTN

Les sources du pouvoir de marché 1re

Les entreprises peuvent **échapper à la concurrence** en mettant en œuvre des stratégies renforçant leur pouvoir de marché. Ces stratégies consistent à :
- réduire le **nombre d'offreurs** (en utilisant par exemple les fusions-acquisitions) ;
- réaliser des **ententes** (en constituant des cartels);
- mettre en œuvre des **innovations** (dans le cadre d'une concurrence monopolistique).

À votre tour !

• Les entreprises A et B interviennent sur le même marché. Associez chaque action possible de l'entreprise A à une stratégie.

Action	Stratégie
1. L'entreprise A se met d'accord avec l'entreprise B pour fixer un prix supérieur au prix d'équilibre.	a. Fusion-acquisition
2. L'entreprise A rachète son concurrent, l'entreprise B, pour augmenter son pouvoir de marché.	b. Entente
3. L'entreprise A, grâce à un processus de recherche et développement, parvient à différencier son produit de celui de l'entreprise B.	c. Innovation

Compétitivité des pays et productivité des firmes transnationales Tle

• Les échanges internationaux se concentrent essentiellement entre trois grandes régions : l'Europe, l'Amérique du Nord et l'Asie du Sud-Est. Les aptitudes différentes à exporter des pays s'expliquent par leurs **différences de compétitivité**, elles-mêmes liées aux **différences de productivité** de leurs entreprises.

• Ces dernières cherchent à améliorer leur productivité en diminuant leurs prix de vente et en innovant, ce qui peut permettre de stimuler les exportations de leur pays hôte. Ainsi, **l'amélioration de la productivité des FTN d'un pays améliore la compétitivité de ce pays**, donc sa capacité à exporter.

À votre tour !

1. À partir des données du tableau p. 25, représentez à l'aide d'un nuage de points, la relation entre la productivité apparente du travail et les parts de marché à l'exportation.

Pdf
Fond de graphique
hatier-clic.fr/21cses009

2. Quel lien semble-t-il y avoir entre ces deux phénomènes ?

☐ Une corrélation positive ☐ Une corrélation négative

2018	Parts de marché à l'exportation (biens et services) (en %)	Productivité apparente du travail[1] (en milliers d'euros)
Belgique	1,81	87,4
Allemagne	7,54	116,5
Espagne	2,01	92,1
France	3,7	90,4
Croatie	0,12	41
Italie	2,64	153,3
Autriche	1,02	149,8
Portugal	0,43	49,4
Roumanie	0,41	42,1

1. Valeur ajoutée au coût des facteurs divisée par le nombre de personnes occupées.

Eurostat, 2019.

Firmes transnationales et internationalisation de la chaîne de valeur

Tle

- Face à la concurrence internationale, les FTN cherchent à **baisser leurs coûts de production afin d'améliorer leur compétitivité**. Pour cela, elles fragmentent, puis internationalisent, leur chaîne de valeur dans le cadre de la **DIPP** (division internationale des processus productifs).
- Ainsi, de la fabrication jusqu'à la distribution, le processus de production est divisé en plusieurs étapes, réparties dans les différents pays du monde en fonction de leurs avantages comparatifs. On parle d'**internationalisation de la chaîne de valeur**.

À votre tour !

- À l'aide des données du graphique, calculez la part de chaque pays dans la production d'un Fairphone et reportez vos résultats sur le graphique.

Fiche 41 p. 90

Localisation des 68 entreprises entrant dans le processus de production d'un Fairphone[1] en 2018

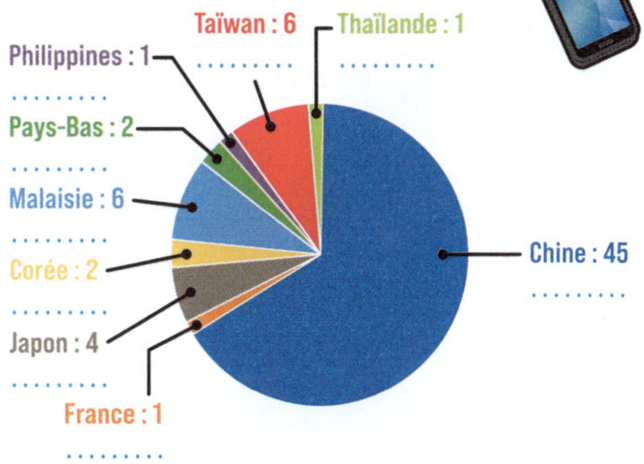

1. Fairphone est une entreprise néerlandaise productrice de smartphones conçus pour respecter certaines contraintes environnementales et sociales.
Source : Données fairphone.com, 2018.

10 Libre-échange ou protectionnisme ? Tle

Les effets ambigus du commerce international

- La participation au commerce international a des effets ambigus sur les pays. Tout d'abord, l'ouverture aux échanges extérieurs entraîne une **hausse de la concurrence**, qui encourage une amélioration de la compétitivité des entreprises, ce qui favorise la **baisse des prix**. Par ailleurs, l'ouverture aux échanges permet des **transferts de technologie** qui se traduisent par une **diffusion du progrès technique**, contribuant à une **baisse des inégalités entre les pays**.
- Cependant, d'un autre côté, la participation au commerce international accroît les inégalités de revenus à l'intérieur des pays. En effet, les salariés des secteurs exposés à la concurrence internationale voient leurs revenus stagner ou diminuer, alors que ceux des secteurs relativement protégés de la concurrence internationale voient leurs revenus augmenter. Il y a une **dualisation du marché du travail**, qui provoque une **hausse des inégalités de revenus à l'intérieur des pays**.

→ À votre tour !

- Complétez le schéma sur les effets du libre-échange à l'aide des expressions soulignées dans le texte ci-dessus.

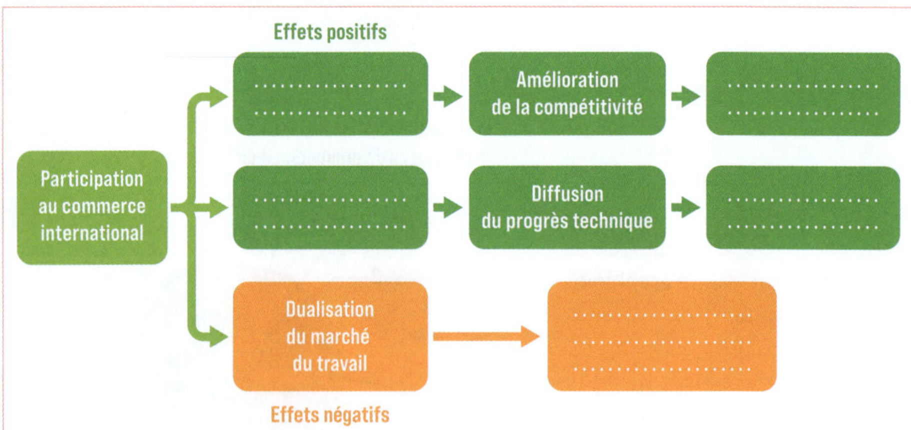

Libre-échange et protectionnisme

- Les effets positifs du commerce international poussent de nombreux pays à mettre en place des **mesures favorables au libre-échange**, que ce soit au niveau mondial (rôle de l'OMC, Organisation mondiale du commerce) ou régional, dans le cadre d'accords commerciaux régionaux (UE, ALENA, ASEAN).
- D'autres pays choisissent à l'inverse de mettre en place des **mesures protectionnistes** (tarifaires – augmentation des tarifs douaniers – ou non tarifaires – quotas, normes) afin de protéger leurs économies des effets néfastes du libre-échange.
- Les mesures protectionnistes peuvent viser à protéger les industries naissantes afin qu'elles se renforcent à l'abri de la concurrence. Ce **protectionnisme éducateur** (F. List) n'a pas forcément vocation à durer dans le temps.

À votre tour !

EXERCICE 1

1. Associez chaque proposition 1 à 5 à la mesure protectionniste correspondante.
2. En colonne de droite, soulignez en bleu la mesure protectionniste tarifaire ; en rouge, celles renvoyant au protectionnisme non tarifaire.

Pourquoi mettre en place des mesures protectionnistes ?	Quelles mesures protectionnistes ?
1. Empêcher l'arrivée de produits présentant un risque pour la santé.	a. Augmenter les droits de douane
2. Freiner l'arrivée massive de produits importés.	b. Quotas ou contingentements
3. Interdire les importations en provenance de pays ne respectant pas les traités internationaux.	c. Normes sanitaires
4. Augmenter le prix des produits importés.	d. Normes sociales
5. Empêcher l'importation de produits fabriqués dans des pays ne respectant pas le droit international du travail.	e. Embargo

EXERCICE 2

- Complétez le texte ci-dessous à l'aide des termes suivants : concurrence internationale ; temporaire ; commerce international ; naissantes ; éducateur.

Selon Friedrich List, les industries ...., ne pouvant résister à la ...., doivent être protégées par un protectionnisme .... Une fois à l'âge adulte, ces industries peuvent alors prendre part au .... et le protectionnisme peut être levé. Ce protectionnisme est qualifié de protectionnisme ....

11 Définir et mesurer la croissance

Tle

Rappels

- La croissance économique correspond à **l'augmentation des richesses produites dans un pays sur une période donnée et en volume,** c'est-à-dire à prix constants. Fiche 50 p. 108
- Pour la mesurer, on utilise le **taux de variation du PIB** (produit intérieur brut). Le PIB correspond à la **somme des valeurs ajoutées** créées sur le territoire par les agents économiques.
- Pour la France, les **Trente Glorieuses (1945-1973)** sont la période où la croissance économique a été la plus forte.

Le vocabulaire de la croissance économique

Expansion Hausse du PIB sur une courte période.

Dépression Diminution durable du PIB.

Récession Ralentissement de l'activité économique, voire baisse du PIB pendant au moins 2 trimestres consécutifs.

Crise Point de retournement entre une phase d'expansion et une phase de récession/dépression.

Reprise Point de retournement entre une phase de récession/dépression et une phase d'expansion.

À votre tour !

Évolution annuelle en volume du PIB en France depuis 1960 (en %)

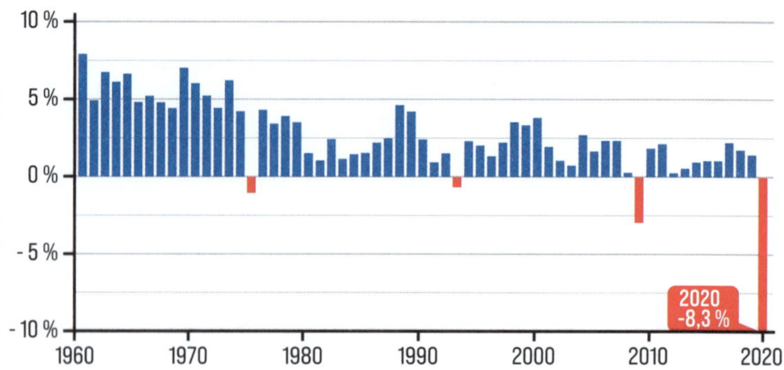

Sources : Insee et Banque de France, 2020.

1. Sachant que, selon l'Insee, le PIB de la France était de 2 353,1 milliards d'euros en 2018 et de 2 427 milliards d'euros en 2019, quel a été le taux de croissance de la France entre 2018 et 2019 ?

☐ 3,1 % ☐ - 3,1 % ☐ 2,1 %

2. À l'aide des données du graphique p. 28, cochez vrai ou faux.

a. En 1961, le PIB a baissé.	Vrai ☐	Faux ☐
b. La France a connu une reprise en 2010.	Vrai ☐	Faux ☐
c. Depuis 1960, il y a eu 4 dépressions en France.	Vrai ☐	Faux ☐
d. La période de croissance la plus forte pour la France se situe entre 1960 et 1974.	Vrai ☐	Faux ☐
e. Entre 2018 et 2019, la France a connu une phase d'expansion.	Vrai ☐	Faux ☐
f. En 2020, le PIB est inférieur à celui de 1960.	Vrai ☐	Faux ☐
g. La croissance a baissé de 8,3 % en 2020.	Vrai ☐	Faux ☐
h. Le PIB français a baissé en 1975, 1993, 2009 et 2020.	Vrai ☐	Faux ☐
i. En 2020, le PIB est de - 8,3 %.	Vrai ☐	Faux ☐
j. Depuis 1960, la croissance du PIB connaît une tendance générale au ralentissement.	Vrai ☐	Faux ☐

3. Complétez la grille de mots croisés à l'aide des termes suivants.

Horizontal

1. Le PIB augmente, mais de moins en moins vite.
2. Le PIB diminue durablement.
3. Indicateur permettant de mesurer la croissance.
4. Période de forte croissance économique en France.
5. Passage d'une phase de récession à une phase d'expansion.

Vertical

A. Moment où l'on passe d'une hausse du PIB à une baisse.
B. Révolution à partir de laquelle apparaît la croissance.
C. Hausse durable des richesses produites.
D. Hausse des richesses produites sur une courte période.

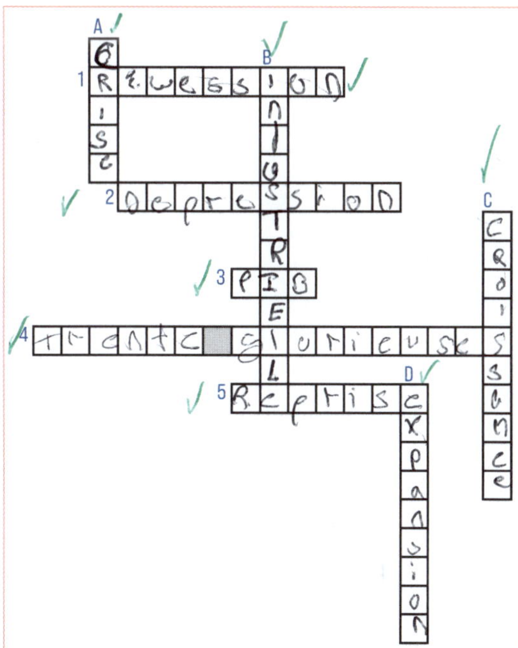

12 Les origines de la croissance

Tle

Rappels

- Pour produire, il faut des **facteurs de production** (le travail et le capital).
- Pour **produire plus**, il faut **plus de facteurs de productions** (embaucher des travailleurs supplémentaires, acheter de nouvelles machines...) ou alors améliorer la **qualité des facteurs de production** (leur productivité), grâce à la **technologie** par exemple.

Croissance intensive et extensive

- Lorsque la hausse de la production s'explique principalement par la hausse de la quantité de facteurs de production utilisés, on parle de **croissance extensive**.
- Lorsque la hausse de la production s'explique principalement par autre chose que la hausse de la quantité de facteurs de production utilisés, on parle de **croissance intensive**. Ce « résidu » s'appelle la **PGF (productivité globale des facteurs)**.

À votre tour !

Croissance et contribution à la croissance en 2019

	Taux de croissance du PIB (en %)	Contribution à la croissance du PIB (en pts de %)		
	PIB	Facteur travail	Facteur capital	PGF
Allemagne	0,6	0,5	0,4	- 0,3
France	1,5	0,7	0,7	0,1
États-Unis	2,1	0,7	0,7	0,7
Corée du Sud	2	- 0,1	1	1,1

- OCDE, 2020.

- À l'aide du tableau ci-dessus, classez les pays selon leur type de croissance.

Pays avec une croissance extensive	Pays avec une croissance intensive
~~Extensive~~ Allemagne	Corée du Sud
France	
~~Extensif~~ États Unis	

√

D'où vient la productivité globale des facteurs (PGF) ?

Les théories de la **croissance endogène** expliquent que le progrès technique et la PGF « ne tombent pas du ciel », mais sont le résultat des décisions des agents économiques et que la croissance **s'auto-entretient**.

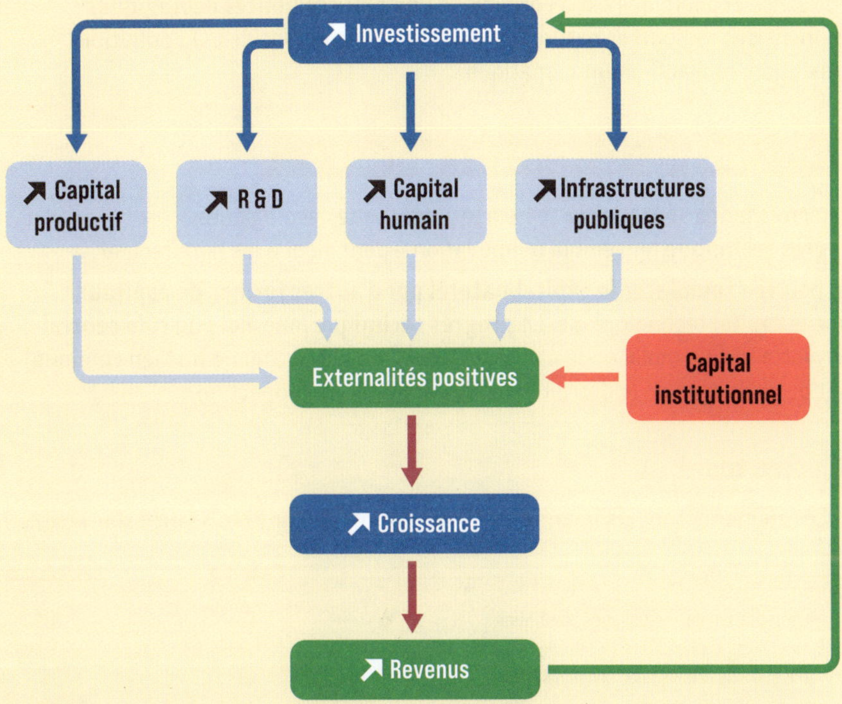

L'État peut intervenir directement sur les différents capitaux ou inciter les agents économiques à le faire. Il favorise également le capital institutionnel en développant un cadre de règles favorisant les relations entre les individus (ex. : droit de la propriété).

À votre tour !

- Associez chaque exemple à son facteur favorable à la croissance endogène.

1. Déploiement de la fibre optique
2. Achat d'une nouvelle machine plus performante
3. Formation des travailleurs
4. Lancement des recherches pour un nouveau vaccin
5. Dépôt d'un brevet

a. Investissement en capital humain
b. Investissement en R & D
c. Investissement en capital productif
d. Investissement en infrastructures publiques
e. Capital institutionnel

13 Les limites de la croissance Tle

Rappels

La croissance économique est à l'origine de nombreuses **limites écologiques :** épuisement des ressources naturelles, hausse des émissions de CO_2, pollution, déforestation, réchauffement climatique…

Progrès technique et croissance soutenable

- Si la **croissance soutenable** se heurte à des limites écologiques, le **progrès technique** (ensemble d'innovations) peut aider à les faire reculer.
- On pourrait **remplacer le capital naturel par d'autres formes de capitaux**, comme le capital technologique. Le **progrès technique** joue alors un **rôle central** en permettant de remplacer du capital naturel (considéré comme un bien commun) détruit ou en évitant de le détruire lors des activités de production.

À votre tour !

1. Ces éléments sont-ils favorables ou défavorables à une croissance soutenable ?

	Favorable	Défavorable
Augmentation des emballages plastiques	☐	☒
Utilisation de drones pour la pollinisation	☒	☐
Développement des transports en commun	☒	☐
Généralisation du recyclage des déchets	☒	☐
Consommation en hausse de viande	☐	☒
Accroissement des flux de transport de marchandises	☐	☒
Commerce de proximité en expansion	☒	☐
Utilisation accrue d'engrais naturels	☒	☐
Investissement dans une meilleure isolation des logements	☒	☐
Développement des déplacements urbains à vélo	☒	☐
Forte hausse du stockage de données numériques	☐	☒

2. Associez chaque innovation à la limite écologique de la croissance qu'elle permet de faire reculer.

1. L'industrie pétrolière expérimente une nouvelle technique de fracturation hydraulique. En plus de réduire les coûts, la technique permet de récupérer plus de pétrole dans un secteur donné.
2. La part de voitures électriques dans le parc automobile est en hausse régulière.
3. Le dioxyde de carbone et les gaz acides que l'on trouve parmi les déchets industriels mettent en danger la planète. La technologie SkyMine capture et élimine les substances polluantes des centrales avant de les transformer en bicarbonate de soude inoffensif (utilisé par exemple dans le dentifrice, les détergents…).

a. Épuisement des ressources

b. Réchauffement climatique

c. Pollution

Progrès technique et inégalités

- Les **innovations de produit, de procédé ou d'organisation** caractérisent le progrès technique.
- J. A. Schumpeter introduit l'expression de **« destruction créatrice »** pour désigner le processus qui voit se produire de façon simultanée la disparition de secteurs d'activité économique et la création d'activités économiques liées à de nouvelles innovations.
- Mais le progrès technique peut aussi engendrer des **inégalités de revenus**, liées notamment aux différences accrues de qualification ou à l'accès plus ou moins difficile à l'emploi.

À votre tour !

- Vrai ou faux ?

a. La succession des vagues d'innovation accroît la demande de travail de plus en plus qualifié. Vrai ☐ Faux ☐

b. Les revenus augmentent avec la qualification, d'où des écarts grandissants entre salariés. Vrai ☐ Faux ☐

c. Il y a « destruction créatrice » car les innovations suppriment plus d'emplois qu'elles n'en créent. Vrai ☐ Faux ☐

d. La création de nouvelles activités économiques liées à l'arrivée d'innovations entraîne la disparition de secteurs d'activité. Vrai ☐ Faux ☐

e. Le progrès technique ne favorise que le développement des emplois à forte qualification. Vrai ☐ Faux ☐

14 Les mutations de l'emploi

Tle

Rappels

- Le **travail** désigne une activité humaine de production. **L'emploi** renvoie à la manière concrète dont le travail est utilisé dans le cadre d'une production.
- Les emplois se distinguent par leur **forme**, mais aussi leur **durée** (déterminée, indéterminée), ou encore leur **statut** (certains travailleurs sont salariés, tandis que d'autres, travaillant à leur compte, sont indépendants).

Les mutations de l'organisation du travail et leurs effets

- Au cours du XXe siècle, les modes d'organisation du travail ont évolué :

– Le taylorisme a contribué à diffuser une **organisation scientifique de la production** basée sur la **division verticale** (séparation entre la conception et l'exécution) et **horizontale** du travail (fragmentation des tâches productives).

– Le **fordisme** a introduit le **travail à la chaîne**, poursuivant la logique du taylorisme.

– Le **post-taylorisme**, apparu dans les années 1970, promeut la **flexibilité du travail** en favorisant la **polyvalence des salariés**, ainsi qu'un **management participatif**.

- Le taylorisme et le fordisme ont certes permis une **augmentation de la productivité du travail**, mais ils ont rendu le **travail abrutissant** en transformant les travailleurs en simples exécutants. Le post-taylorisme a favorisé une **meilleure implication des travailleurs**, mais a aussi entraîné une certaine **précarisation de l'emploi** (horaires et rémunérations variables, contrats à durée déterminée, intérim), qui peut fragiliser l'intégration sociale.

À votre tour !

- Classez dans le tableau suivant les termes soulignés dans le texte ci-dessus.

	Taylorisme	Fordisme	Post-taylorisme
Caractéristiques	....	....	....
Avantages	....		....
Inconvénients	....		....

L'essor du numérique et ses effets

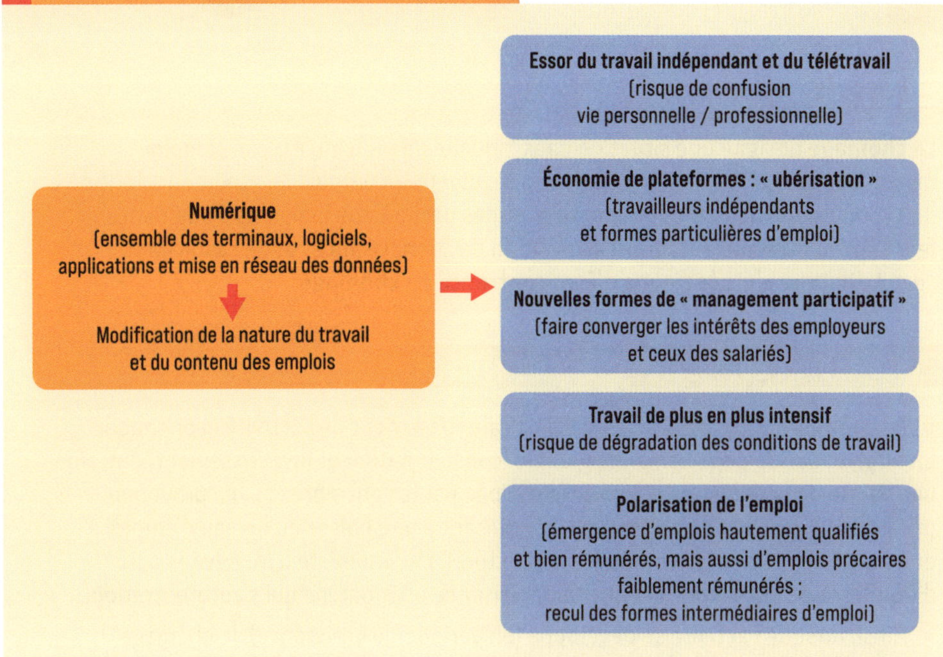

*La **qualité d'un emploi** peut être mesurée par de **multiples indicateurs** : les conditions de travail, le niveau de salaire, le niveau de sécurité économique, l'horizon de carrière (perspectives de promotion), le potentiel de formation ou encore la variété des tâches.*

À votre tour !

- Ces différentes situations traduisent-elles le fait que le numérique renforce le rôle intégrateur du travail (A) ou, au contraire, qu'il le remet en question (B) ?

Le numérique entraîne...

a. ... un risque de confusion entre la vie personnelle et le travail. A ☐ B ☐
b. ... la création d'emplois hautement qualifiés et bien rémunérés. A ☐ B ☐
c. ... l'apparition de nouvelles formes de management « participatif ». A ☐ B ☐
d. ... une économie de plateformes qui mobilise des travailleurs indépendants ou des travailleurs précaires. A ☐ B ☐
e. ... un travail de plus en plus intensif, notamment par le contrôle qu'il permet sur la performance des salariés. A ☐ B ☐
f. ... l'augmentation du nombre d'emplois précaires faiblement rémunérés. A ☐ B ☐

15 Les causes du chômage

Tle

Rappels

Le **chômage** désigne une situation dans laquelle un individu est sans emploi, disponible pour travailler et recherche activement un emploi. Les chômeurs font partie de la population active. La poursuite d'études permet aux individus d'augmenter leur **capital humain** (à travers l'acquisition de connaissances et de savoir-faire), ce qui **diminue** alors **le risque d'être confronté au chômage**.

Les causes conjoncturelles du chômage

- Le **chômage conjoncturel** est lié à un ralentissement de l'activité économique. En effet, la baisse de la demande globale (consommation et investissement) entraîne une baisse de la demande effective (anticipée par les entreprises), qui provoque une baisse du niveau de production, conduisant à une baisse du niveau d'emploi et donc à l'apparition du chômage conjoncturel. L'économiste J. M. Keynes parle d'**équilibre de sous-emploi** pour caractériser ce phénomène qui s'auto-entretient.
- Ainsi, lorsque l'activité se développe (en période de croissance), le chômage conjoncturel diminue; lorsqu'il y a un ralentissement économique, celui-ci augmente.

À votre tour !

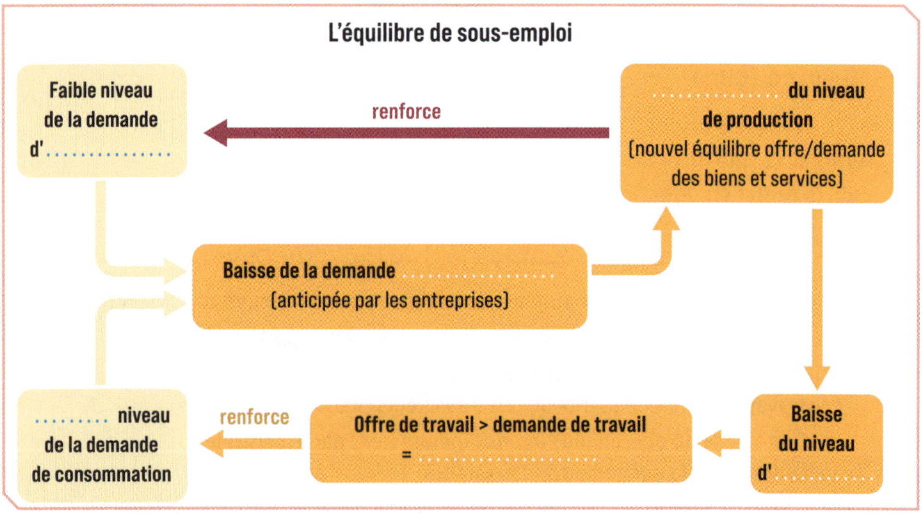

- Complétez le schéma à l'aide des termes suivants : investissement; baisse; faible; emploi; chômage; effective.

Les causes structurelles du chômage

Le **chômage structurel**, lié à la mutation des structures de l'économie d'un pays, peut s'expliquer par :

- **des difficultés d'ajustement entre l'offre et la demande de travail**
  – La qualification des actifs ne correspond pas toujours aux besoins des entreprises : certains chômeurs ne peuvent donc pas être embauchés.
  – Les travailleurs ne sont pas toujours suffisamment mobiles pour pouvoir occuper les emplois vacants. Il y a inadéquation spatiale entre l'offre et la demande de travail.
- **le poids de certaines institutions**, qui peuvent perturber le fonctionnement du marché du travail et générer du chômage. Un salaire minimum supérieur au salaire d'équilibre ou des règles de protection de l'emploi trop strictes peuvent réduire la demande de travail, entraînant alors du chômage structurel.
- **l'existence d'asymétries d'information**, qui fait que les entreprises, pour stimuler la productivité de leurs salariés (notamment les plus qualifiés), ont parfois tendance à leur verser des salaires élevés. Ces « salaires d'efficience », supérieurs au salaire d'équilibre, génèrent du chômage : le fait de surpayer certains salariés réduit la possibilité d'embaucher.

À votre tour !

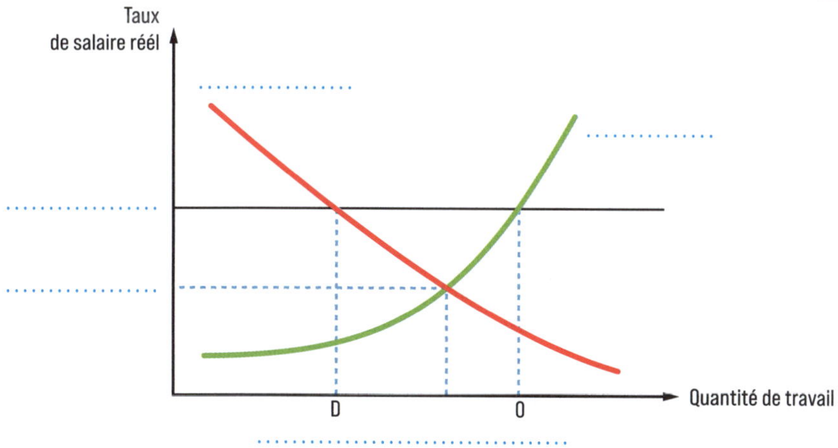

1. Complétez le graphique à l'aide des termes suivants :
Demande ; Salaire minimum ; Salaire d'équilibre ; Offre ; Quantité de travail d'équilibre.

2. Complétez la phrase suivante en sélectionnant la bonne réponse.
Lorsque le salaire minimum est supérieur au salaire d'équilibre, le chômage est mesuré par :

☐ O + D ☐ D – O ☐ O – D

16 Les politiques de lutte contre le chômage Tle

Les politiques de flexibilisation

- Les **politiques de flexibilisation** ont pour but de lutter contre le **chômage structurel** par la réduction des rigidités du marché du travail. Les entreprises peuvent alors s'adapter à la conjoncture et embaucher davantage en période de croissance.
- Ces politiques peuvent prendre plusieurs formes :

	Flexibilité qualitative	Flexibilité quantitative
Flexibilité interne	1 Modification du contenu des postes de travail.	2 Action sur le temps de travail.
Flexibilité externe	3 Remplacement du contrat de travail par un contrat plus facile à rompre.	4 Ajustement des effectifs aux besoins.

À votre tour !

- Associez chaque situation à sa forme de flexibilité (voir tableau ci-dessus).

a. Face à un ralentissement de la conjoncture, un chef d'entreprise propose à ses salariés de travailler temporairement à temps partiel. ....

b. Le départ à la retraite d'un salarié en CDI dans une entreprise est comblé par l'embauche d'un salarié intérimaire. ....

La baisse du coût du travail

- La baisse du coût du travail (cotisations sociales patronales + salariales + salaire net) passe principalement par une baisse des cotisations.
- Les travailleurs sont alors moins coûteux, ce qui facilite les embauches et contribue à la **baisse du chômage structurel**. Par ailleurs, les entreprises peuvent diminuer leur prix, ce qui stimule la demande et permet la **baisse du chômage conjoncturel**.

À votre tour !

- Soulignez la bonne réponse parmi les deux propositions.

La baisse des cotisations patronales entraîne la hausse / baisse du coût du travail et donc la hausse / baisse du chômage structurel / conjoncturel. La baisse des cotisations patronales favorise la hausse / baisse des prix et donc la hausse / baisse du chômage structurel / conjoncturel.

Les politiques de formation de la main-d'œuvre

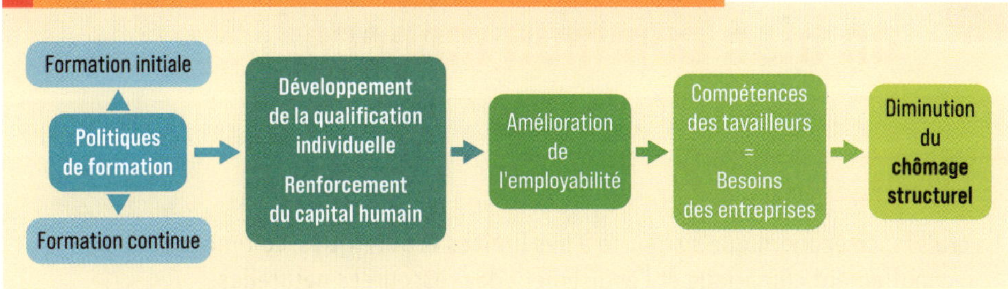

À votre tour !

Taux de chômage en fonction du niveau de diplôme en 2018	
Niveau de diplôme	**Ensemble**
Sans diplôme, CEP, brevet	16,2 %
Bac, CAP, BEP	9,7 %
Bac + 2 ou plus	5,4 %
Ensemble	9,1 %

Champ : France hors Mayotte, population des ménages, personnes actives.
• Insee, Enquête Emploi 2018.

• À l'aide du tableau ci-contre, cochez vrai ou faux.

a. Plus le niveau de formation augmente et plus les chances d'être au chômage sont fortes.
Vrai ☐ Faux ☐

b. En 2018, 5,4 % des individus de niveau bac+2 ou plus étaient au chômage.
Vrai ☐ Faux ☐

La relance de la demande globale et ses effets sur l'emploi

• La **politique budgétaire de relance**, en augmentant les revenus des agents, permet une hausse de la consommation et de l'investissement, et donc la baisse du chômage.

• La **politique monétaire de relance** est menée par la banque centrale. La baisse des taux directeurs stimule la consommation et l'investissement, augmentant la production et réduisant le chômage.

À votre tour !

• Complétez le schéma à l'aide des termes suivants :
Hausse *(à écrire 3 fois)* ; Baisse ; Investissement ; Production ; Emploi.

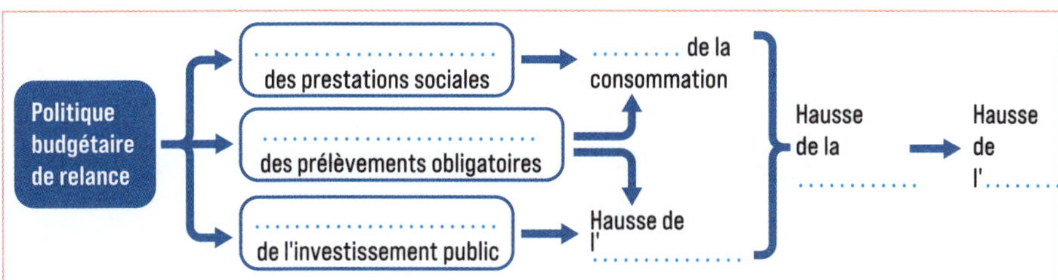

17 L'environnement, un bien commun menacé

Rappels

La croissance économique se heurte à des **limites écologiques**, comme la pollution, le réchauffement climatique et l'épuisement des ressources naturelles.

Externalités négatives et environnement

1re

- L'environnement est un bien particulier : un **bien commun**.
- Il n'est pas possible d'exclure quelqu'un de sa consommation (**bien non excluable**), mais la consommation de ce bien par une personne entraîne une réduction de la consommation pour les autres (**bien rival**).
- Le marché est donc défaillant en présence **d'externalités négatives**, comme la pollution.

Les différents types de biens

	Rivalité	Non-rivalité
Excluabilité	Bien privé (t-shirt)	Bien de club (logiciel protégé)
Non-excluabilité	Bien commun (eau d'un ruisseau)	Bien collectif (éclairage public)

À votre tour !

- Pour chaque bien listé, indiquez s'il est excluable et/ou rival, et/ou commun.

Bien...	... excluable	... rival	... commun
Une automobile	☐	☐	☐
L'atmosphère	☐	☐	☐
L'éclairage public	☐	☐	☐
Les ressources halieutiques	☐	☐	☐
Une autoroute à péage	☐	☐	☐

Croissance et externalités Tle

- La croissance est favorable à l'accroissement des richesses et accroît le **niveau de vie**. Elle permet la création **d'emplois** et réduit le chômage. Elle augmente aussi les **recettes publiques**, favorisant ainsi la réduction des différents déficits.
- Mais elle produit des **externalités négatives**, notamment **sur l'environnement** : pollution, épuisement des ressources, dérèglement climatique…, d'où la nécessité de l'intervention des pouvoir publics.

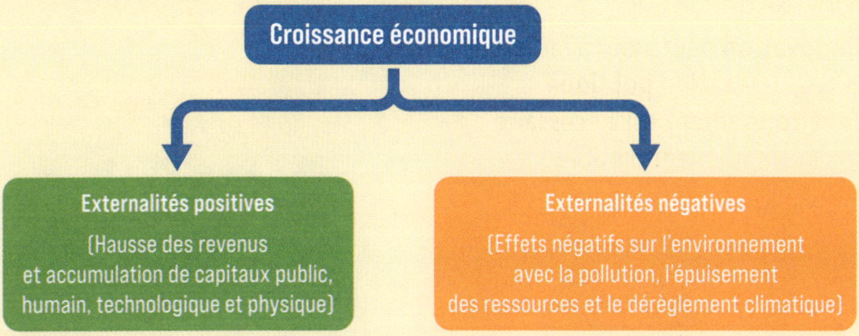

À votre tour !

- **Associez chaque exemple à son type d'externalité négative** : pollution (A) ; épuisement des ressources (B) ; dérèglement climatique (C).

a. Hausse de la fréquence des sécheresses, des typhons, des inondations, des cyclones. A ☐ B ☐ C ☐

b. Depuis le début du XXIe siècle, les émissions mondiales de CO_2 ont progressé de près de 55 %. A ☐ B ☐ C ☐

c. En un siècle, près de 97 % des tigres et de leur habitat a disparu. Seuls 3 890 individus vivent aujourd'hui dans leur milieu naturel, alors qu'ils étaient encore 100 000 il y a une centaine d'années. A ☐ B ☐ C ☐

d. Chaque année, 8 millions de tonnes de plastiques finissent dans nos océans. A ☐ B ☐ C ☐

e. Selon Météo France, la température des eaux tropicales a augmenté de 1,2°C au cours du XXe siècle. A ☐ B ☐ C ☐

f. On estime que 80 % des ressources de thons rouges du Nord (*Thunnus thynnus*) ont disparu entre 1950 et 2010. A ☐ B ☐ C ☐

! *Ne pas confondre : le climat est un bien commun, alors que la lutte contre le réchauffement climatique revêt les caractéristiques d'un bien collectif.*

18 Agir pour l'environnement Tle

Croissance et soutenabilité

- Les limites écologiques peuvent être un **frein à une croissance soutenable** du fait des conséquences des externalités négatives. Fiche 13 p. 32
- Si l'**innovation** peut aider à faire **reculer ces limites,** une **action publique pour l'environnement** est nécessaire pour un développement durable.

Les trois dimensions du développement durable

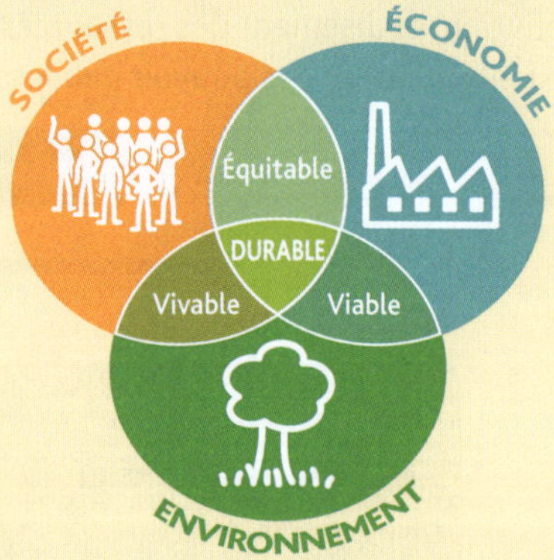

À votre tour !

- Associez chaque proposition à l'une des dimensions du développement durable.

1. Créer des richesses et améliorer les conditions de vie matérielles. •
2. Préserver la diversité des espèces et les ressources naturelles et énergétiques. •
3. Satisfaire les besoins en santé, éducation, habitat, emploi, prévention de l'exclusion, équité. •

• a. Société
• b. Économie
• c. Environnement

Les acteurs pour préserver l'environnement

- Plusieurs **acteurs** peuvent agir afin de préserver l'environnement :
- les **experts** vont **alerter sur les problèmes environnementaux** et proposer des solutions;
- les **citoyens** peuvent agir à leur niveau et **faire pression** sur les pouvoirs publics pour qu'ils prennent en compte le problème du climat;
- les **organisations non gouvernementales** (ONG) peuvent **sensibiliser**, faire pression sur les pouvoirs publics et **proposer des actions**;
- les **pouvoirs publics** peuvent inscrire la problématique de l'environnement à **l'agenda politique** et prendre des mesures dans le cadre des **politiques climatiques**.
- Les actions pour l'environnement s'articulent à **différentes échelles** : locale, nationale, européenne, mondiale.

À votre tour !

- Pour chaque acteur listé ci-dessous, indiquez :
  - le type d'acteur : entreprise ; expert ; administration publique ; ménage ; ONG ;
  - le niveau d'intervention : local ; national ; européen ; mondial.

	Type d'acteur	Niveau d'intervention
GIEC Groupe d'experts intergouvernemental sur l'évolution du climat, organe des Nations Unies chargé d'évaluer les travaux scientifiques consacrés aux changements climatiques	....	....
COP 25 Conférence sur les changements climatiques organisée par les Nations Unies (à Madrid, en 2019)	....	....
Manifestants à la Marche pour le climat pour inciter les pouvoirs publics à accentuer la lutte contre le réchauffement climatique	....	....
WWF World Wide Fund for Nature, fonds mondial pour la nature	....	....
Bonus écologique accordé par l'**État** pour l'achat d'une automobile électrique ou hybride rechargeable	....	....
Le groupe **Walmart** a déposé un brevet pour des drones de pollinisation	....	....
Le **Parlement européen et le Conseil** ont établi la directive cadre stratégie pour le milieu marin	....	....
Les **citoyens** trient leurs déchets et le recyclage se développe localement	....	....
Les actions de **Greenpeace** en faveur de l'environnement	....	....
Un **groupement d'agriculteurs** cherche à favoriser les échanges courts	....	....
La mise en place par la **Commission** de la norme Euro 7 en 2025	....	....
Vote par l'**Assemblée nationale** de l'interdiction du glyphosate	....	....

! *Les intérêts de ces acteurs sont parfois différents, ils peuvent donc être amenés à **coopérer** entre eux, mais aussi être en **conflit**.*

19 Une action publique pour l'environnement limitée

Avantages et inconvénients des principaux instruments

1re

	Avantages	Limites
Réglementation Mise en place de normes juridiques	– Rapide à mettre en place – Résultats connus à l'avance	– Difficilement applicable à l'échelle internationale
Fiscalité Taxation ou subvention	– Recettes fiscales (pour financer les incitations)	– Difficulté pour prévoir les résultats – Difficulté pour définir le niveau de la taxe ou de la subvention – Peu envisageable à l'échelle internationale
Marché des droits à polluer Distribution aux entreprises de quotas, puis échanges entre entreprises	– Possibilité de mettre en place un marché des droits à polluer à l'échelle internationale	– Prix du carbone insuffisamment élevé pour encourager à dépolluer

À votre tour !

● **Associez chaque exemple à la politique climatique correspondante :** réglementation (R) ; fiscalité (F) ; marché des droits à polluer (M).

a. Interdiction du glyphosate en Europe d'ici fin 2022. R ☐ F ☐ M ☐

b. En 2019, 26 marchés de permis d'émission existent dans le monde. R ☐ F ☐ M ☐

c. Mise en place d'ici 2025 de la norme Euro 7 pour les voitures. R ☐ F ☐ M ☐

d. Réduction du volume des quotas pour augmenter le prix du carbone. R ☐ F ☐ M ☐

e. Subvention à l'achat d'un vélo électrique. R ☐ F ☐ M ☐

f. Augmentation du malus CO_2 pour les voitures. R ☐ F ☐ M ☐

g. Prime en cas d'isolation de son logement. R ☐ F ☐ M ☐

h. Interdiction de la paille en plastique, de la vaisselle jetable, des bouteilles d'eau, des touillettes et des cotons-tiges en France depuis 2020. R ☐ F ☐ M ☐

Une action internationale parfois contrainte Tle

- L'environnement étant un **bien commun**, il est difficile de trouver des **accords internationaux**. Ceux-ci sont contraignants et chacun a intérêt à ce que les autres agissent à sa place : c'est la **stratégie du passager clandestin**.
- Par ailleurs, les **dégâts environnementaux** sont **surtout causés par les pays développés**. Les pays en développement refusent, pour pallier les dégâts causés par les pays riches, de limiter leur croissance avec une contrainte environnementale.

À votre tour !

A Lors de la conférence de Copenhague (2009), l'Union européenne était prête, si les autres pays développés suivaient, à aller jusqu'à - 30 % d'émissions en 2020 par rapport au niveau de 1990. Mais les autres pays allaient-ils suivre ? « Si je n'émets pas, mon voisin le fera » : cette conception néfaste de la diplomatie climatique dicte l'attitude des négociateurs et ce type de raisonnement représente un frein aux accords internationaux.

B Les blocages sont liés à la nature du problème climatique. À l'échelle globale, on essaie de s'entendre sur la préservation de biens naturels, comme l'atmosphère, les mers ou la biodiversité. Dans cette configuration – une ressource en libre accès –, on observe un phénomène systématique de surexploitation. Le risque est alors l'inaction et un environnement dont la dégradation se poursuit.

C La conférence a plutôt été un échec politique, révélant des désaccords entre pays, notamment entre la Chine et les États-Unis. La Chine, comme les autres pays émergents, exigeant un engagement plus conséquent des Américains, qui, eux, refusent d'entrer dans un système contraignant qui exclurait la Chine et les autres pays émergents. Le sommet s'est finalement achevé sur une déclaration politique non contraignante qui n'a satisfait personne.

1. Reliez chaque paragraphe à la contrainte évoquée.

Paragraphe A •	• La stratégie du passager clandestin
Paragraphe B •	• Les dissensions entre pays développés et pays en développement
Paragraphe C •	• L'environnement, un bien commun

2. Reliez chaque paragraphe à l'illustration correspondante.

Paragraphe A •	• Nécessité de quotas de pêche
Paragraphe B •	• Sortie des États-Unis des accords de Paris en 2020
Paragraphe C •	• Nécessité d'aider les pays émergents pour la prise en compte de la contrainte environnementale

20 Le constat des inégalités économiques et sociales

Tle

La diminution des inégalités économiques au XXe siècle

- Les **inégalités** correspondent à des **différences entre individus qui leur procurent soit des avantages, soit des désavantages** dans l'accès à certaines ressources socialement valorisées.
- Les **inégalités économiques** (salaires, revenus, patrimoine) ont fortement diminué sur l'ensemble du XXe siècle. Cependant, cette tendance à la baisse globale cache un double mouvement :
  - un premier mouvement de **diminution des inégalités** entre le début de la Première Guerre mondiale et la fin des Trente Glorieuses ;
  - un second mouvement de **hausse des inégalités** depuis le début des années 1980.

À votre tour !

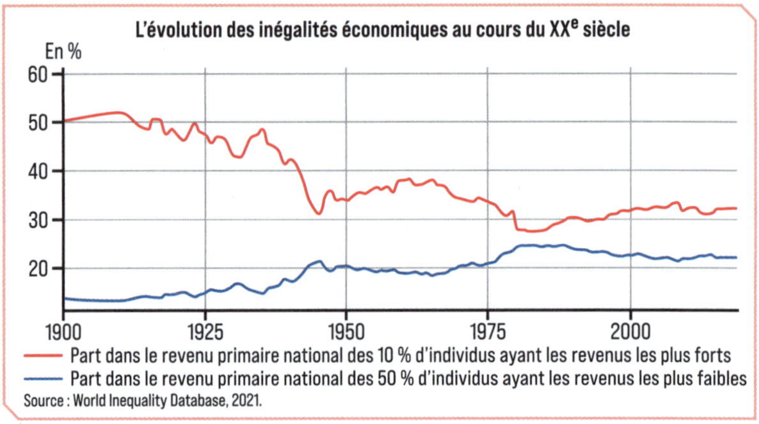

Source : World Inequality Database, 2021.

- Vrai ou faux ?

a. Les inégalités de revenu primaire ont diminué au cours du XXe siècle. Vrai ☐ Faux ☐

b. Depuis les années 1980, les inégalités ont cessé de diminuer. Vrai ☐ Faux ☐

c. Au cours du XXe siècle, la part du revenu primaire détenue par les 10 % d'individus ayant les revenus les plus forts a diminué de 18 %. Vrai ☐ Faux ☐

d. Au cours du XXe siècle, la part du revenu primaire détenue par les 10 % d'individus ayant les revenus les plus forts a diminué de 18 points. Vrai ☐ Faux ☐

e. Au cours du XXe siècle, la part du revenu primaire détenue par les 50 % d'individus ayant les revenus les plus faibles a augmenté de 10 points. Vrai ☐ Faux ☐

Rappels

- **L'espace social est différencié** : en fonction de leurs caractéristiques sociales, les individus n'ont pas les mêmes manières d'agir et de penser.
- Cela peut s'expliquer notamment par la **socialisation différenciée** Fiche 34 p. 74, qui contribue à faire intérioriser aux individus des normes et des valeurs différentes en fonction de leurs caractéristiques sociales (genre, milieu social, d'origine, etc.).
- Par ailleurs, les individus, en fonction de leurs caractéristiques sociales, n'ont **pas accès aux mêmes ressources socialement valorisées**. Ainsi, les femmes sont, toutes choses égales par ailleurs, moins bien rémunérées que les hommes.

Des inégalités multiformes et cumulatives

- **Les inégalités sont multiformes**. En effet, aux **inégalités économiques** (salaires, revenus, patrimoine) s'ajoutent des **inégalités sociales** (inégalités femmes-hommes, inégalités scolaires, inégalités face à la santé, inégalités face à la mort).
- Ces différentes inégalités ne sont pas indépendantes les unes des autres et **peuvent se cumuler**. Les inégalités économiques peuvent entraîner des inégalités sociales et, inversement, les inégalités sociales peuvent entraîner des inégalités économiques. On parle de **système des inégalités** pour désigner le fait que les inégalités sont liées les unes aux autres.

À votre tour !

- Complétez le schéma à l'aide des expressions suivantes : inégalités de patrimoine ; inégalités femmes-hommes ; inégalités économiques.

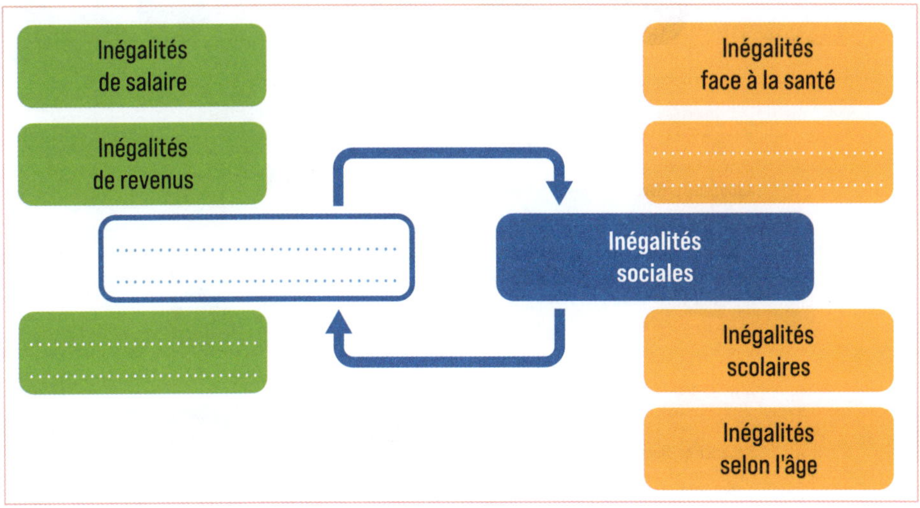

21 Les principes de la justice sociale

Tle

Les différentes formes d'égalité

L'égalité est une valeur pouvant prendre différentes formes :

- L'**égalité formelle (ou des droits)** consiste à donner à chaque individu un ensemble homogène de droits pouvant entraîner l'existence d'inégalités réelles.
- L'**égalité réelle (ou des situations)** cherche à ce que des individus initialement inégaux soient réellement égaux les uns des autres.
- L'**égalité des chances** tente quant à elle de donner à des individus initialement inégaux des chances identiques de réussite en acceptant qu'ils soient, au final, inégaux les uns par rapport aux autres.

À votre tour !

- Complétez les schémas ci-dessous en précisant à chaque fois s'il y a égalité ou inégalité dans les situations de départ et d'arrivée.

Égalité des situations

Situation d'arrivée :

....

Inégalité des droits : chaque individu dispose ou reçoit des droits différents.

Situation de départ :

....

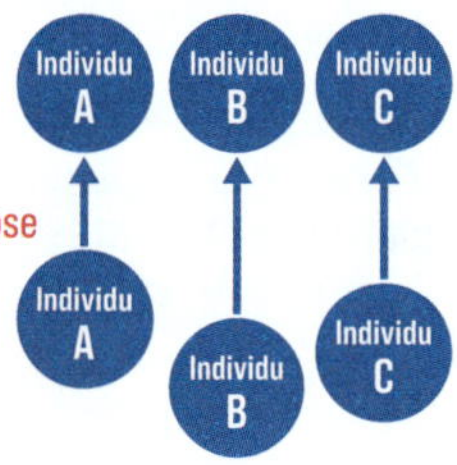

Égalité des droits

Situation d'arrivée :

....

Égalité des droits : chaque individu dispose ou reçoit les mêmes droits.

Situation de départ :

....

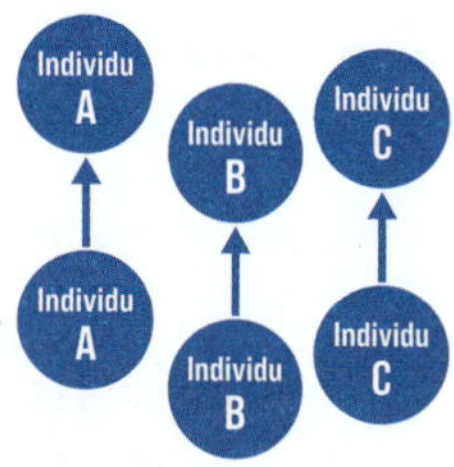

Égalité des chances

Situation d'arrivée :

.... (liées au mérite)

Inégalité des droits : chaque individu dispose ou reçoit des droits différents visant à rétablir l'inégalité des situations. Chaque individu a autant de chances que les autres d'être mieux « placé ».

Situation de départ :

....

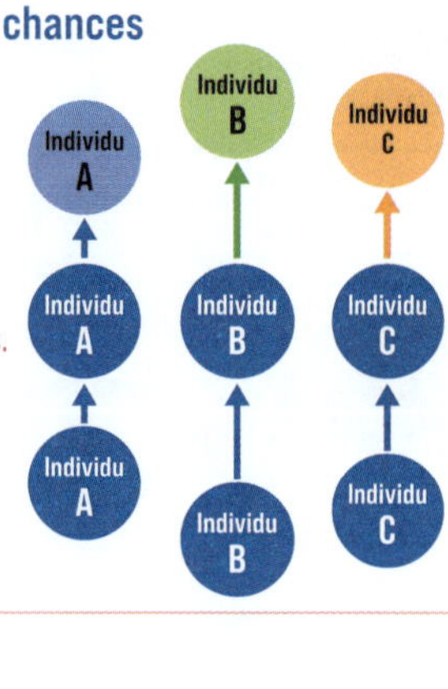

Égalité et justice sociale

- Le type d'égalité recherché (des droits, des chances ou des situations) par une société correspond à des conceptions différentes de la **justice sociale**.
- La recherche d'un **égalitarisme strict** poussera à privilégier des mesures visant à assurer l'égalité des situations, alors que **l'égalitarisme libéral** privilégie plutôt l'égalité des droits afin d'assurer la justice sociale. Enfin, une société qui promeut l'**utilitarisme** privilégie l'égalité des chances dans le but d'atteindre la satisfaction du plus grand nombre possible d'individus.

À votre tour !

EXERCICE 1

- Associez chaque notion à sa définition.

1. Justice sociale
2. Égalité des chances
3. Égalité des situations (égalitarisme strict)
4. Égalité des droits (égalitarisme libéral)
5. Utilitarisme

a. Situation dans laquelle la répartition initiale des ressources est strictement égale entre les individus.
b. Idéal au regard duquel on juge des situations concrètes de répartition de ressources socialement valorisées.
c. Forme de justice sociale pour laquelle la répartition des ressources rares permet le bonheur du plus grand nombre.
d. Situation dans laquelle la répartition finale des ressources socialement valorisées dépend du mérite des individus.
e. Situation dans laquelle la répartition initiale des ressources socialement valorisées est modifiée afin qu'elles soient partagées de manière strictement égalitaire.

EXERCICE 2

- **Indiquez à quelle conception de la justice sociale correspond chaque exemple ci-dessous :** égalité des situations (égalitarisme strict); égalité des droits (égalitarisme libéral); utilitarisme.

Exemple 1 : ....

Le « capital jeune », prêt de 10 000 euros à taux zéro pour les 18-25 ans, accessible à tous les jeunes sans condition.

Exemple 2 : ....

Verser, sous conditions de ressources, des bourses étudiantes permettant à un plus grand nombre d'étudiants de réussir leurs études supérieures.

Exemple 3 : ....

S'assurer qu'aucun élève ne sorte du système scolaire sans diplôme.

22 L'action publique pour la justice sociale

Tle

Pouvoirs publics et justice sociale

Les pouvoirs publics utilisent **plusieurs instruments complémentaires** en faveur de la justice sociale. Ces instruments renvoient aux différentes conceptions de l'égalité, par exemple :
- en matière de fiscalité, certaines mesures, telles que l'impôt forfaitaire (redevance télévisuelle) ou la TVA, renvoient plutôt à **l'égalité des droits** ;
- l'impôt progressif s'inscrit plutôt dans une logique d'**égalité des chances** ;
- la production de services collectifs et les mesures de lutte contre les discriminations ont pour objectif l'**égalité des situations**.

À votre tour !

EXERCICE 1

- Complétez le tableau suivant Fiche 46 p. 100

Prélèvements et prestations par unité de consommation en 2017 (en euros)

	D1	D9	Rapport interdécile D9/D1
Niveau de vie avant redistribution	3 260	73 160	....
Prélèvements	- 160	- 16 920	
Prestations	6 900	190	
Niveau de vie après redistribution	....	....	....

Champ : France métropolitaine, personnes vivant dans un ménage dont le revenu est positif ou nul et dont la personne de référence n'est pas étudiante.
- Données Insee, 2018.

EXERCICE 2

- Associez chacune des mesures au type d'égalité qu'elle cherche à favoriser.

1. Le plan « Gironde Numérique » vise à amener le très haut débit à tous les foyers du département. •
2. L'impôt sur le revenu en France est croissant en fonction du revenu. •
3. Sanctionner d'une amende forfaitaire de 135 euros une personne ne respectant pas le couvre-feu. •

• a. Égalité des droits
• b. Égalité des chances
• c. Égalité des situations

Une action sous contrainte

L'action des pouvoirs publics en faveur de la justice sociale fait l'objet d'une **triple contrainte** :

- **Une contrainte financière** → Les dépenses publiques sont structurellement supérieures aux recettes publiques, ce qui a tendance à accroître la dette publique.
- **Une contrainte d'efficacité** → Malgré les dispositifs engagés, la pauvreté et les inégalités ne diminuent pas pour autant. Par ailleurs, les effets désincitatifs de certaines prestations sur la reprise d'activité sont parfois mis en évidence.
- **Une contrainte de légitimité** → Les citoyens acceptent de moins en moins l'intervention des pouvoirs publics et le consentement à l'impôt qu'il nécessite. Cette tendance s'inscrit dans le cadre d'une critique de l'État-providence par les économistes libéraux.

À votre tour !

Recettes et dépenses publiques en France (en % du PIB)

	2014	2015	2016	2017	2018	2019
Dépenses	57,2	56,8	56,7	56,5	55,7	55,6
Recettes	53,3	53,2	53,0	53,5	53,4	52,6

- Données Insee.

Recettes et dépenses publiques en France (en % du PIB)

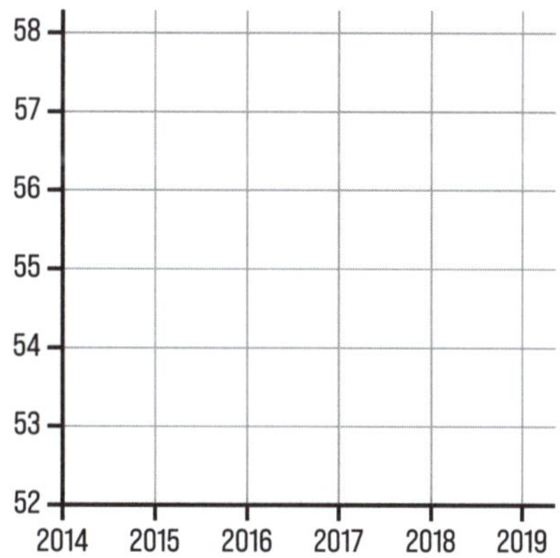

1. À partir des données du tableau, représentez graphiquement l'évolution des dépenses et des recettes publiques entre 2014 et 2019.

2. Vrai ou faux ?

a. Les dépenses et les recettes publiques diminuent entre 2014 et 2019. Vrai ☐ Faux ☐

b. La part des dépenses publiques dans le PIB diminue entre 2014 et 2019. Vrai ☐ Faux ☐

c. En France, 55,6 milliards d'euros étaient consacrés aux dépenses publiques en 2019. Vrai ☐ Faux ☐

d. La part des recettes publiques dans le PIB est structurellement supérieure à celle des dépenses. Vrai ☐ Faux ☐

e. La part des dépenses publiques dans le PIB est structurellement supérieure à celle des recettes. Vrai ☐ Faux ☐

23 Le fonctionnement d'un marché concurrentiel 1re

Rappels

- Le marché est le **lieu réel ou fictif** où se **rencontrent l'offre et la demande** afin d'échanger **des biens et des services** contre un **prix**.
- **L'offre** est une **fonction croissante du prix**, alors que la **demande** est une **fonction décroissante** du prix.

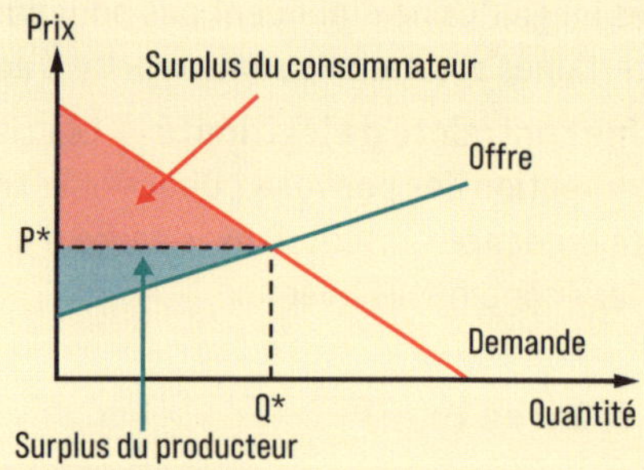

P* = prix d'équilibre
Q* = quantité d'équilibre (offre = demande)

L'efficacité du marché

- Selon le modèle de concurrence pure et parfaite, le marché permet une **allocation des ressources optimale** : offreurs et demandeurs sont gagnants à l'échange.
- Il existe un **surplus pour les consommateurs** (certains consommateurs étant prêts à payer plus que le prix d'équilibre pour acquérir le produit) et un **surplus pour les producteurs** (certains producteurs étant prêts à vendre moins cher leur produit que le prix d'équilibre). Le **surplus total** correspond au surplus des consommateurs additionné au surplus des producteurs.
- Le marché est **autorégulateur**, il revient automatiquement à l'équilibre.

Vidéo
Représentation graphique du marché
hatier-clic.fr/21cses010

À votre tour !

EXERCICE 1

Le marché des pizzas d'une grande ville, de type concurrentiel, présente les caractéristiques suivantes (exemple fictif).

Prix en euros	5	10	15	20	25	30
Quantité demandée	80	75	70	65	60	55
Quantité offerte	60	65	70	75	80	85

● **Représentez graphiquement ce marché de la pizza :**
- tracez les courbes d'offre (en bleu) et de demande (en rouge);
- placez le prix d'équilibre, la quantité d'équilibre, le surplus du producteur et le surplus du consommateur.

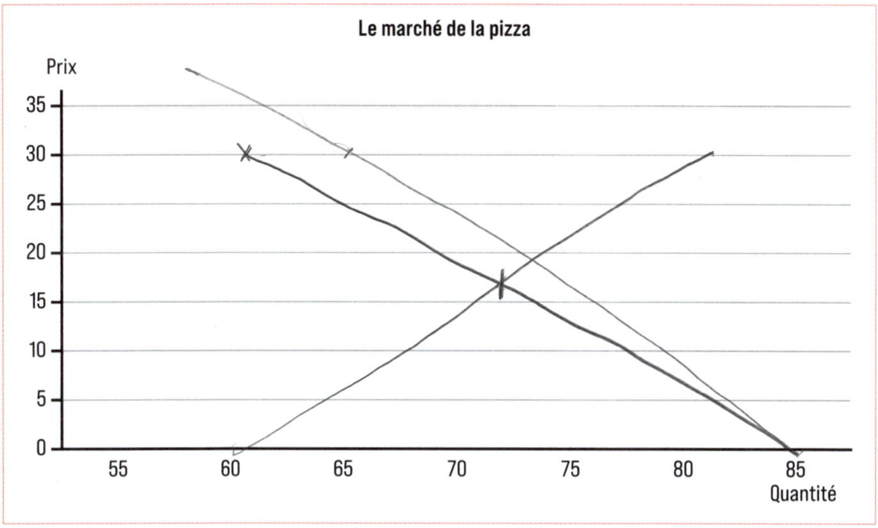

EXERCICE 2

● **Vrai ou faux ?**

a. Lorsque le prix d'un bien baisse, la demande diminue. Vrai ☐ Faux ☐
b. La concurrence pure et parfaite est un modèle théorique. Vrai ☐ Faux ☐
c. Le prix d'équilibre est celui où l'offre égale la demande. Vrai ☐ Faux ☐
d. Lorsque le prix d'un bien baisse l'offre diminue. Vrai ☐ Faux ☐
e. Le surplus du consommateur, c'est quand le prix du marché est supérieur au prix que le consommateur était prêt à payer. Vrai ☐ Faux ☐

EXERCICE 3

● **Choisissez dans la liste ci-dessous les effets d'une nouvelle taxe instaurée par les pouvoirs publics sur un produit.**

☐ Baisse de la demande
☐ Hausse de l'offre
☐ Baisse du prix du marché
☐ Baisse de la quantité échangée

24 Les marchés en situation de concurrence imparfaite

1re

Concurrence imparfaite et pouvoir de marché

- Le **modèle de la concurrence pure et parfaite** s'observe peu dans la réalité.
- Les entreprises préfèrent être en situation de **monopole** (un seul offreur sur le marché) ou **d'oligopole** (quelques offreurs). Dans ces situations, elles détiennent un **pouvoir de marché** : elles sont en mesure de **fixer les prix** (au-dessus du prix d'équilibre pour faire des surprofits).

À votre tour !

- Soulignez le nom de chaque entreprise selon la légende suivante :
Entreprise en situation de : concurrence, oligopole, monopole

a. SNCF : Société nationale des chemins de fer français qui est l'entreprise ferroviaire publique française

b. Airbus (Airbus Commercial Aircraft) : Airbus est un constructeur aéronautique européen dont le principal concurrent est l'américain Boeing.

c. DJG primeur : entreprise iséroise qui vend des fruits et légumes.

L'origine du pouvoir de marché

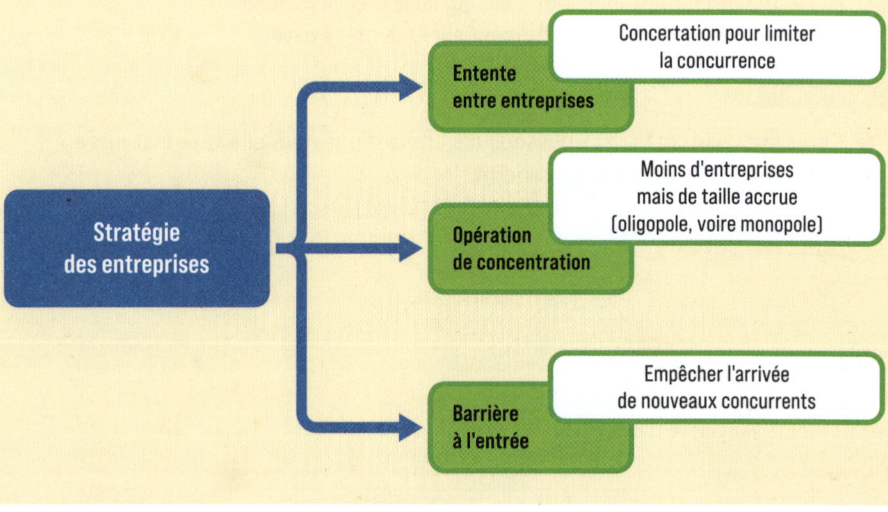

À votre tour !

- Associez chaque exemple 1 à 3 à une stratégie.

1. Ariel, Skip, Le Chat, Omo, Dash, etc. se sont mis d'accord sur les prix de vente des produits d'entretien et les promotions pratiquées, ce qui aurait eu comme conséquence pour le consommateur un surcoût de 4 % à 6 %. •
2. GlaxoSmithKline a vendu le médicament Zinnatreg (un antibiotique) à un prix inférieur à ses coûts pour contrer l'arrivée de concurrents dans 4 marchés hospitaliers de 1999 à 2000. Puis, une fois les concurrents découragés, l'entreprise a remonté ses prix de manière profitable. •
3. Après la fusion de PSA (Peugeot Société Anonyme) et FCA (Fiat Chrysler Automobiles), la nouvelle entité « Stellantis » devient le 4e groupe automobile mondial. •

• a. Barrière à l'entrée

• b. Entente

• c. Concentration

Politique de la concurrence

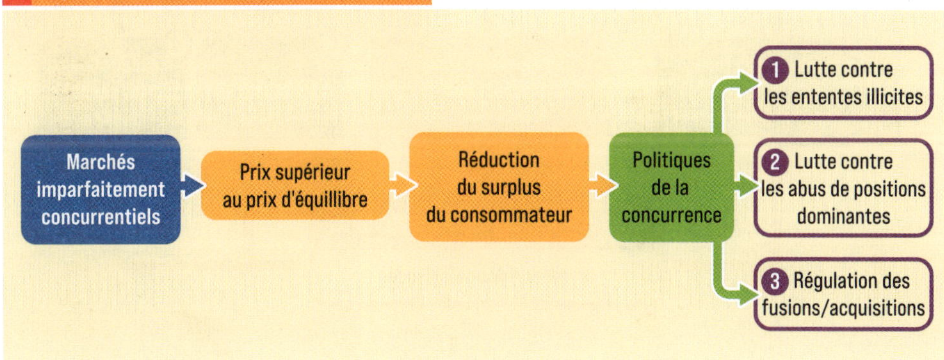

À votre tour !

- Associez chaque exemple à une des politiques de la concurrence, numérotées 1 à 3 dans le schéma ci-dessus.

a. La Commission européenne interdit la fusion Alstom-Siemens pour protéger les opérateurs ferroviaires et les passagers. ....

b. L'Autorité de la concurrence s'apprête à réclamer 93 millions d'euros auprès d'entreprises de l'agroalimentaire faisant partie du « cartel du jambon ». ....

c. Google a écopé d'une amende de 2,42 milliards d'euros pour avoir favorisé son comparateur de prix « Google Shopping ». ....

25 Les défaillances du marché

Les principales défaillances du marché 1re

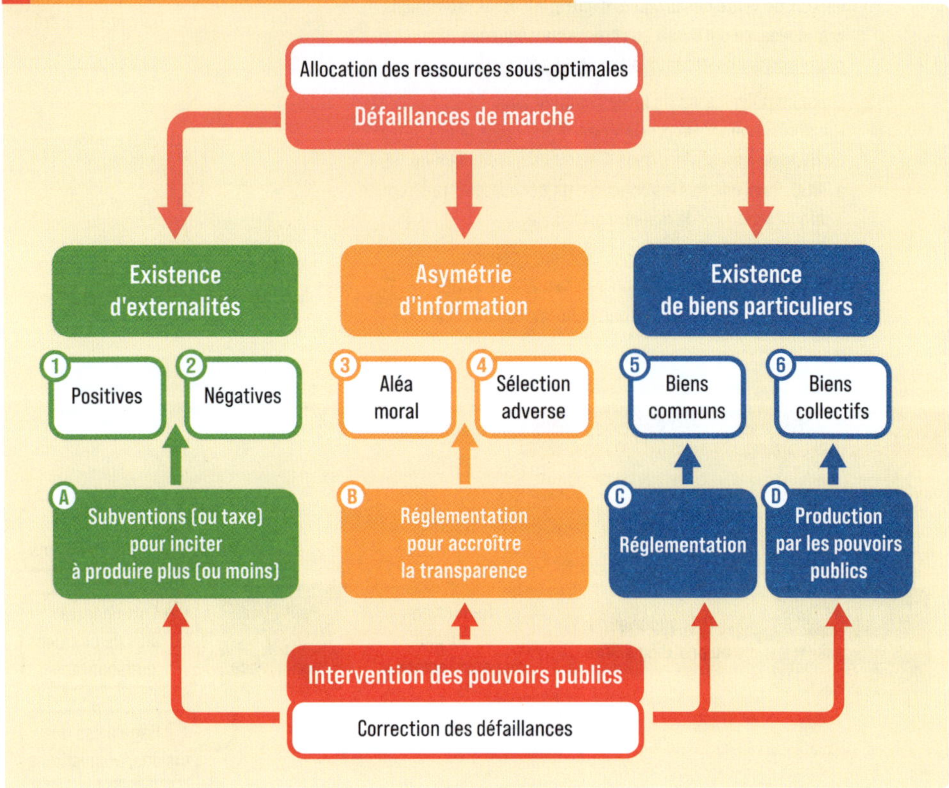

→ À votre tour !

1. Associez chaque exemple à la situation de défaillance correspondante, numérotée de 1 à 6 dans le schéma ci-dessus.

a. Le financement de la défense nationale. ....

b. La protection des ressources naturelles. ....

c. La beauté des paysages résultante de l'activité des agriculteurs. ....

d. La pollution lors d'une marée noire. ....

e. Laisser sa voiture ouverte quand elle est assurée contre le vol. ....

f. Embaucher un salarié sous-qualifié car il a menti sur son CV. ....

2. Associez chaque exemple au type d'intervention des pouvoirs publics, nommé A à D sur le schéma.

a. Les quotas de pêche pour éviter la surpêche. ....

b. Le crédit d'impôts pour l'installation de panneaux solaires. ....

c. Le contrôle technique obligatoire pour vendre sa voiture d'occasion. ....

d. Le financement de l'éclairage public. ....

e. Le malus écologique sur les voitures qui émettent le plus de CO_2. ....

f. L'affichage obligatoire du « nutriscore » pour les produits alimentaires. ....

Externalités et pouvoirs publics

Tle

- Les **pouvoirs publics** favorisent la recherche par des **subventions** car elle produit des externalités positives sur la **croissance économique**.
- Pour faire face aux **externalités négatives** sur l'environnement, considéré comme un **bien commun**, les pouvoirs publics mettent en place des instruments comme la **réglementation**.

À votre tour !

- Complétez le texte à l'aide des termes en gras ci-dessus.

La .... permet la hausse des dépenses publiques pour l'éducation et la recherche, ce qui favorise l'amélioration du capital humain (cela a des conséquences positives pour l'ensemble de l'activité économique et la croissance future). C'est une .... Pour favoriser cet effet positif sur la croissance, les pouvoirs publics fournissent des .... pour la recherche. La croissance produit aussi des ...., comme la pollution. La croissance peut aussi réduire les ressources naturelles. Par exemple, les ressources halieutiques diminuent du fait de la surpêche. Le poisson en mer est un .... qu'il faut protéger par une ...., comme la mise en place de quotas de pêche.

26 Création monétaire et banque centrale

1re

Qu'est-ce que la création monétaire ?

• Les **banques commerciales** sont au cœur de la **création monétaire**. Lorsqu'un agent économique, comme une entreprise, dispose d'un compte dans une banque, le solde de ce compte est inscrit au passif (ce que l'on doit) de la banque et à l'actif (ce que l'on possède) de l'entreprise. ❶

EXEMPLE Lors d'une **opération de crédit**, si l'entreprise E emprunte 5 000 euros à la banque B, cette dernière augmentera simultanément son actif et son passif. ❷

Banque B		Entreprise E	
Actif	**Passif**	**Actif**	**Passif**
	Compte de l'entreprise E **10 000**	Compte à la banque B **10 000**	
Dette de l'entreprise E **5 000**	Crédit accordé à l'entreprise E **5 000**	Crédit accordé par la banque B **5 000**	Dette à la banque B **5 000**

❶ ❷

La **quantité de monnaie** a augmenté en ❷ car il y a maintenant 15 000 euros pouvant être utilisés par l'entreprise E. C'est la **création monétaire**.

À votre tour !

1. Pour chaque opération, précisez s'il y a ou non création monétaire.

a. Une entreprise C ouvre un compte à la banque B et dépose 20 000 euros. Oui ☐ Non ☐

b. La banque B accorde un crédit de 10 000 euros à l'entreprise C. Oui ☐ Non ☐

2. Complétez les comptes de la banque B et de l'entreprise C à l'aide des opérations a et b de la question 1.

Banque B		Entreprise C	
Actif	**Passif**	**Actif**	**Passif**
	Compte de l'entreprise C	Compte à la banque B	
Dette de l'entreprise C	Compte de l'entreprise C	Compte à la banque B	Dette à la banque B ....

Taux d'intérêt directeur et création monétaire

- La **création monétaire** est **encadrée** par la **banque centrale**, qui utilise le **taux d'intérêt directeur**. Il s'agit du taux auquel elle rachète les dettes détenues (refinancement) par les banques commerciales.
- Si ce taux est élevé, la **monétisation** (c'est-à-dire la transformation en monnaie banque centrale) de la dette coûtera plus cher que si ce taux était bas. **En utilisant le taux d'intérêt directeur**, la banque centrale agit sur la création monétaire, donc sur **les opérations économiques** (consommation et investissement) étroitement liées à la création monétaire. Le taux d'intérêt directeur **influence la demande**.

À votre tour !

EXERCICE 1

- Complétez le schéma à l'aide des termes suivants :
Hausse *(à écrire 4 fois)* ; Baisse *(2 fois)* ; Plus *(3 fois)* ; Moins.

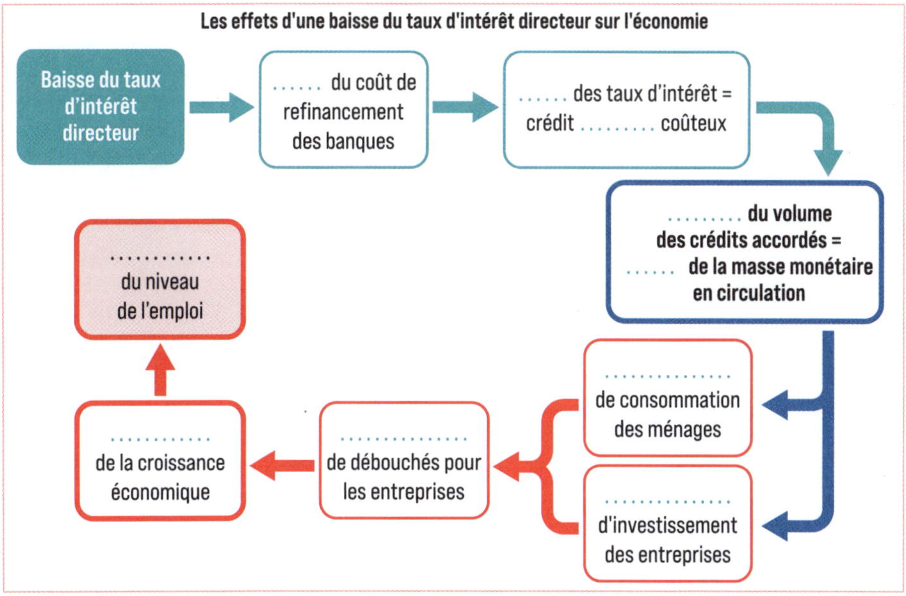

EXERCICE 2

- Selon vous, la banque centrale devrait-elle augmenter (A) ou baisser (B) les taux d'intérêt directeurs pour…

… augmenter la consommation des ménages ?	A ☐	B ☐
… freiner la création monétaire des banques commerciales ?	A ☐	B ☐
… lutter contre l'inflation ?	A ☐	B ☐

27 Bulles spéculatives et crises financières

Tle

Comment se forment les bulles spéculatives ?

- Le **crédit bancaire** peut être **source de bulles spéculatives**. Si le crédit alimente l'acquisition d'actifs (des actions par exemple) dont la **valeur financière est déconnectée de la valeur réelle** en raison d'anticipations à la hausse de leur prix, l'économie est alors dans une bulle spéculative.
- Les **comportements mimétiques** des agents économiques créent des **prophéties autoréalisatrices** : la hausse du prix de ces actifs entraîne une augmentation de leur demande, poussant alors les agents à emprunter de nouveau pour acquérir ces actifs, ce qui alimente à son tour la hausse de leur prix.

À votre tour !

Exercice 1

- À l'aide d'un coefficient multiplicateur, calculez la variation de l'indice boursier entre août 2014 et juin 2015, puis inscrivez le résultat dans la case.

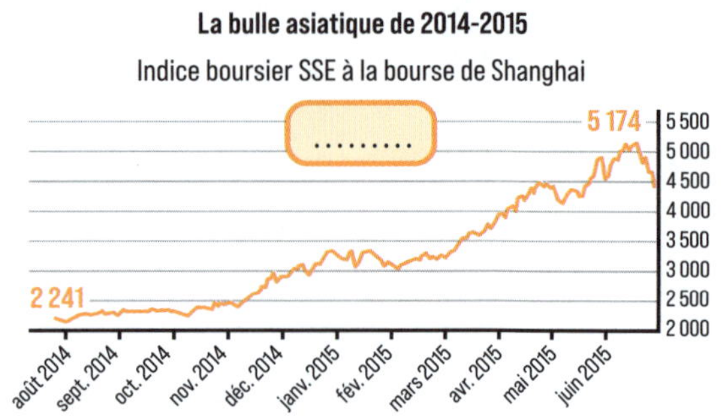

Source : Données abcbourse.com, 2021.

Exercice 2

- En indiquant A, B et C, complétez le schéma ci-contre à l'aide des propositions suivantes :

A Hausse de la demande de biens immobiliers
B Augmentation du nombre de crédits immobiliers
C Hausse de la valeur des biens immobiliers

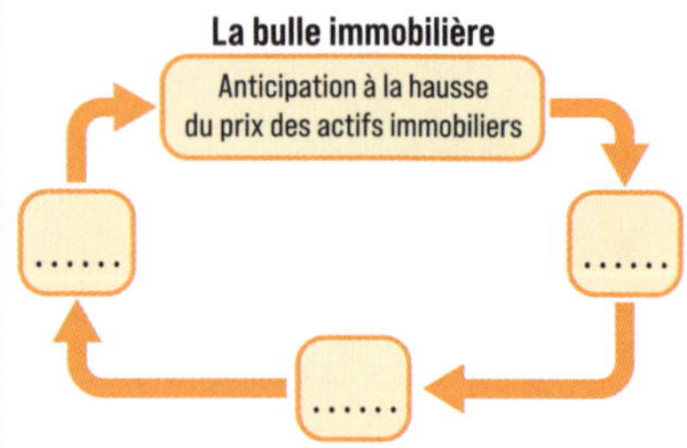

De la crise financière à la crise économique

- Pendant la **formation d'une bulle**, la **valeur des actifs augmente**, ce qui crée un **effet de richesse** qui devient **négatif** lorsque **la bulle éclate** et que **la valeur des actifs diminue**. Les ménages réduisent alors leur consommation et augmentent leur épargne pour compenser la baisse de leur patrimoine. Dans le même temps, les **faillites bancaires** entraînent une **contraction du crédit**.
- La diminution de la consommation et du crédit bancaire a un **effet négatif sur la demande** qui entraîne une baisse des prix (**déflation**).

À votre tour !

EXERCICE 1

- Complétez le schéma à l'aide des propositions suivantes :

Effet de richesse négatif; Panique bancaire; Baisse de la consommation; Hausse du chômage; Contraction du crédit; Baisse de la demande.

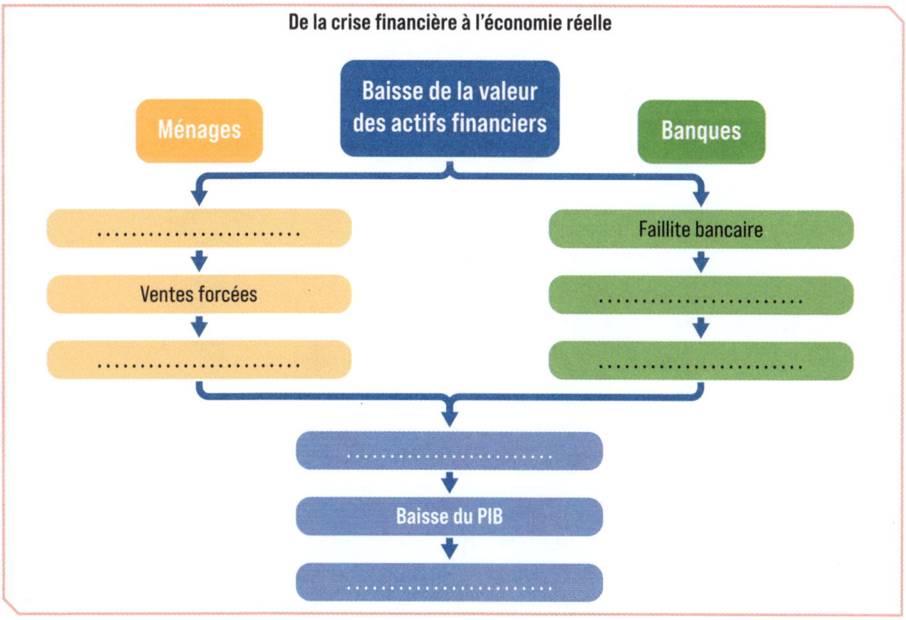

EXERCICE 2

- Associez chacune des définitions suivantes à la notion correspondante.

1. Baisse du niveau général des prix •
2. Ralentissement de la hausse du niveau général des prix •
3. Hausse du niveau général des prix •

• a. Inflation
• b. Déflation
• c. Désinflation

28 La régulation du système bancaire et financier

Tle

Aléa moral, crise bancaire et crise financière

- L'**aléa moral** résultant de l'**asymétrie d'information** permet aux banques de transférer à d'autres banques des créances présentant un **fort risque de crédit**. Ainsi, la banque émettrice de ce type de créances peut être incitée à en émettre d'autres puisqu'elle **transfère le risque de non-remboursement** à d'autres institutions financières.
- Les banques peuvent aussi prendre **plus de risques** si elles savent qu'en cas de difficultés, elles seront sauvées de la faillite par un **prêteur en dernier ressort**.
- Ces comportements peuvent provoquer des crises bancaires et des crises financières lorsque la confiance est rompue (**panique bancaire** et **contraction du crédit**).

À votre tour !

Nombre de faillites bancaires aux États-Unis

2001	2002	2003	2004	2005	2006	2007	2008
4	11	1	4	0	0	3	25

- Banque de France, Direction de la stabilité financière.

1. À l'aide du tableau, cochez vrai ou faux.

a. Selon la Banque de France, il y a eu en moyenne chaque année 6 faillites bancaires aux États-Unis entre 2001 et 2008. Vrai ☐ Faux ☐

b. En 2008, aux États-Unis, il y a eu environ 8 fois plus de faillites bancaires qu'en 2007. Vrai ☐ Faux ☐

c. Le nombre de faillites bancaires est moins fort lors des années de crise financière. Vrai ☐ Faux ☐

2. Remettez dans un ordre logique (de 1 à 3) les phrases suivantes.

a. Les banques se sachant couvertes prennent des risques excessifs, d'où la possibilité d'une crise bancaire et financière. ☐ ....

b. En cas de difficultés des banques, le prêteur en dernier ressort doit permettre d'éviter la panique bancaire et garantir la confiance dans le système. ☐ ....

c. L'existence d'un aléa moral permet aux banques de prendre des risques importants en transférant ceux-ci à d'autres institutions financières. ☐ ....

Comment réguler le système bancaire et financier ?

- Face aux **risques de crises bancaires et financières**, il est nécessaire de **réguler les systèmes bancaires et financiers**.
- Les **mesures de régulation** passent par :
  - la **réduction** de l'**asymétrie d'information** ;
  - le **renforcement** de la solidité **des institutions financières** ;
  - la **supervision des banques et des marchés financiers** afin d'en assurer la stabilité.
- Au niveau européen, c'est la **Banque centrale européenne (BCE)** qui assure la régulation du système bancaire et l'**Autorité européenne des marchés financiers** qui assure la régulation du système financier.

Les mécanismes de régulation de l'Union bancaire européenne

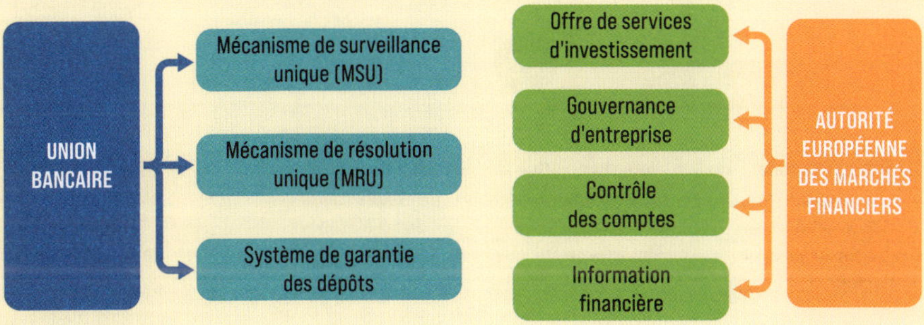

À votre tour !

- Associez chacun des instruments de régulation à l'objectif qu'il poursuit.

Instrument de régulation	Objectif
1. Mécanisme de surveillance unique (MSU)	A. Renforcer la solidité des banques et leur capacité à faire face aux risques.
2. Mécanisme de résolution unique (MRU)	B. Permettre une résolution ordonnée des défaillances bancaires.
3. Système de garantie des dépôts	C. Prévenir les défaillances bancaires.
4. Information financière	D. Réduire l'asymétrie d'information et l'aléa moral.
5. Ratio de solvabilité[1]	E. Éviter la panique bancaire.
6. Contrôle des comptes	F. Superviser l'activité des banques.

1. Créé en 1974, le comité de Bâle a pour mission de renforcer la régulation des banques. Il met en place pour cela des ratios de solvabilité afin d'assurer la stabilité du système financier à l'échelle mondiale.

29 Le vote et la démocratie

Rappels

- Dans le cadre d'un système politique **démocratique**, les **citoyens** exercent leur souveraineté et le **pouvoir politique** assure le respect des libertés individuelles.
- La souveraineté du peuple s'exerce dans le cadre d'**institutions politiques** (Président de la République, Premier ministre, Assemblée nationale, Sénat).
La **séparation des pouvoirs** exécutif, législatif et judiciaire est indispensable au fonctionnement de la démocratie.
- Plusieurs **acteurs** interviennent dans cette vie politique : les **partis politiques**, la **société civile organisée**, les **médias**. Les citoyens participent essentiellement par le **vote.**

Les déterminants du vote 1re

Offre électorale
Ensemble des programmes entre lesquels un électeur peut choisir

Vote sur enjeux
Électeur identifie les enjeux prioritaires et vote selon son intérêt personnel

Déterminants individuels
Expression des préférences individuelles selon l'offre électorale

Déterminants sociaux
Catégorie socioprofessionnelle
Groupe d'âge
Lieu d'habitation

→ **VOTE**

À votre tour !

Profil des votants au second tour de l'élection présidentielle de 2017 (en %)

Profession de l'interviewé	Électeurs d'Emmanuel Macron	Électeurs de Marine Le Pen	Total
Cadre	82	18	100
Profession intermédiaire	67	33	100
Employé	54	46	100
Ouvrier	44	56	100
Retraité	74	26	100
Ensemble	65,5	34,5	100

- Enquête Ipsos menée entre le 4 et le 5 mai 2017, auprès de 4 838 personnes selon la méthode des quotas.

- D'après le tableau, les affirmations suivantes sont-elles vraies ou fausses ?

a. 82 % des cadres ont voté pour E. Macron lors du second tour de l'élection présidentielle en 2017. Vrai ☐ Faux ☐

b. Les ouvriers ont majoritairement voté pour E. Macron lors du second tour de l'élection présidentielle en 2017. Vrai ☐ Faux ☐

c. Plus le niveau de diplôme était élevé, plus la tendance à voter pour E. Macron était élevée lors du second tour de l'élection présidentielle en 2017. Vrai ☐ Faux ☐

Voter ou s'abstenir ? Tle

Lorsqu'il y a une élection, l'engagement politique s'exprime principalement par le **vote** (pour un candidat ou un parti, blanc et nul). L'**abstention « dans le jeu politique »** renvoie aux individus qui s'abstiennent quand l'offre politique ne les satisfait pas. L'**abstention systématique ou « hors du jeu politique »** reflète au contraire le plus souvent un désengagement politique.

À votre tour !

- À partir du graphique, complétez le texte à l'aide des termes suivants : abstention systématique; 24,4 %; 8 %; 15,9 %; 5,9 %; diplômées du supérieur; non diplômées.

Évolution de l'abstention systématique en France entre 2002 et 2017

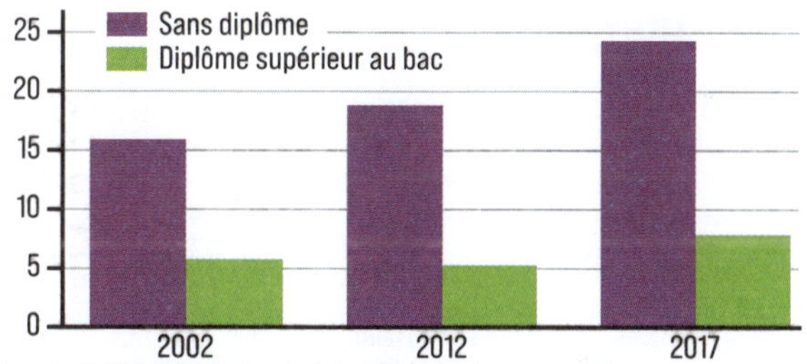

Lecture : En 2012, 18,9 % des inscrits âgés de 25 ans ou plus et sans diplôme n'ont voté à aucun des tours des élections nationales.
Champ : Inscrits âgés de 25 ans ou plus résidant en France métropolitaine.
Source : Insee, Enquêtes sur la participation électorale de 2002 à 2017.

On constate que l'.. progresse en France pour les élections nationales pour les diplômés du supérieur et les sans diplômes âgés de 25 ans ou plus.

En 2002, ... des inscrits diplômés du supérieur âgés de 25 ans ou plus n'ont voté à aucun tour des élections législatives et présidentielles, contre .... en 2017.

Ce fut le cas pour .... des inscrits sans diplôme en 2002 et .... en 2017. D'après ces données, l'abstention systématique augmente davantage pour les personnes .... que pour que les personnes ....

30 L'engagement politique Tle

Les différentes formes de l'engagement politique

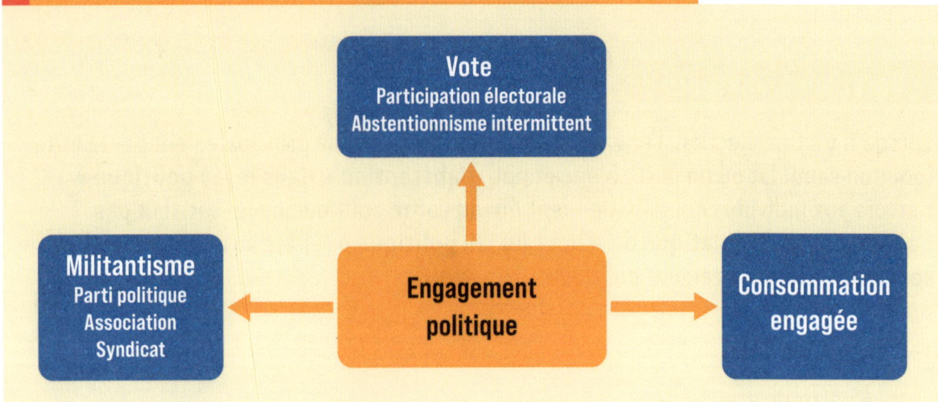

À votre tour !

1. Reliez les propositions entre elles.

1. Adhérer à un parti politique.
2. Voter uniquement aux élections où l'enjeu paraît primordial.
3. Refuser de prendre l'avion pour moins polluer.
4. S'inscrire à un club de football.
5. S'abstenir de voter à toutes les élections.
6. Acheter le plus souvent des produits issus de l'agriculture biologique.
7. S'inscrire dans un syndicat lycéen.

A. Engagement politique par le vote

B. Engagement militant

C. Consommation engagée

D. Pas d'engagement politique

2. Complétez le texte à l'aide des termes suivants : engagement politique ; vote ; militantisme ; consommation engagée.

L' .... prend différentes formes. Lorsque l'individu exprime directement par son mode de vie ou ses choix de consommation des positions politiques, on parle de .... Le .... permet au citoyen d'exprimer une opinion politique dans le cadre du système démocratique représentatif. Enfin, le .... est une forme d'engagement caractérisée par l'adhésion d'un individu à une structure collective afin de défendre des intérêts ou une cause.

Les déterminants de l'engagement politique

- D'après **le paradoxe de l'action collective** (M. Olson), aucun individu rationnel n'a intérêt à se mobiliser lorsque les retombées positives d'une action profitent à tous.
- Pourtant, dans la réalité, on constate régulièrement l'existence d'actions collectives (grève, manifestations). Plusieurs explications peuvent être apportées à ce paradoxe :

- Les **incitations sélectives** récompensent uniquement ceux qui participent à une action collective (promotion interne dans l'organisation).
- Les **rétributions symboliques** liées au militantisme (prestige, reconnaissance par les pairs) favorisent l'engagement et la participation à une action collective.
- La **structure des opportunités politiques** peut être plus ou moins favorable, permettant ou non à une action collective de se dérouler.
- Enfin, certaines **variables sociodémographiques** expliquent également le niveau d'engagement politique : le **milieu social** (les cadres votent plus que les ouvriers), le **genre** (les hommes ont un engagement militant plus soutenu que les femmes), la **génération** (l'abstentionnisme intermittent des jeunes générations est plus élevé que celui des anciennes).

→ À votre tour !

Un syndicat appelle à la grève pour demander une hausse de salaires. Dans l'entreprise, chaque salarié se demande s'il doit y participer et procède à un calcul rationnel : les gains sont-ils supérieurs au coût de la mobilisation ?

	La mobilisation échoue			La mobilisation réussit		
	Coût	Gains	Total (gain - coût)	Coût	Gains	Total (gain -coût)
Avec mobilisation	5	0	- 5	....	....	....
Sans mobilisation	0	0	0	....	....	....

1. Complétez le tableau en sachant que le coût individuel de la mobilisation est de 5 et le gain de 10 si la mobilisation réussit.

2. Entourez la solution rationnelle que doit choisir ce salarié.

3. Parmi les passages en gras dans le texte ci-dessus, recopiez ceux permettant d'expliquer que les individus se mobilisent tout de même.

....

....

....

31 Les transformations de l'action collective

Tle

La recomposition des conflits du travail

- Les **conflits du travail** se caractérisent par une opposition entre individus ou groupes sociaux dans le monde professionnel autour de la répartition des richesses, des conditions de travail et de l'accès aux pôles de décision.
- Jusqu'aux années 1970, la grève constituait le principal **répertoire d'action** dans les conflits du travail. Toutefois, de nouveaux répertoires d'action sont apparus au détriment de la grève, comme les grèves perlées, les manifestations, les pétitions ou encore les débrayages. Cette **recomposition des conflits du travail** s'accompagne d'une perte d'influence des **syndicats** traditionnels au profit d'autres collectifs, moins institutionnalisés.

À votre tour !

Évolution du taux de syndicalisation en France entre 1949 et 2016

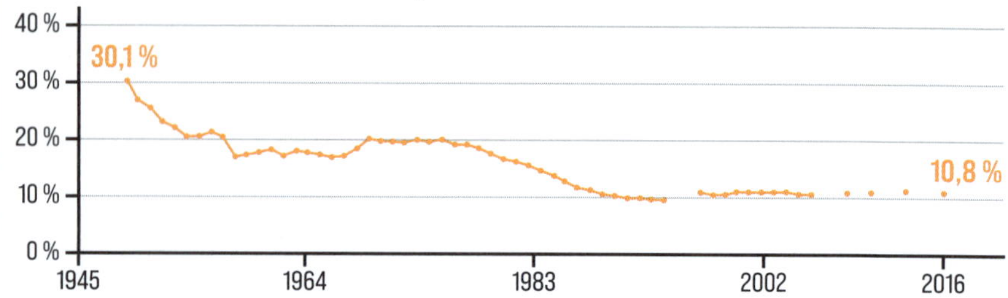

Champ : Ensemble des salariés de plus de 15 ans, France métropolitaine.
Source : Données Dares sur la syndicalisation en France, 2018.

- À partir des données du graphique, complétez le texte à l'aide des termes suivants : 30,1 % ; répertoires d'action ; conflits du travail ; taux de syndicalisation ; grève ; 10,8 %.

Le .... a fortement diminué entre 1949 et 2016. En 1949, ... des salariés étaient syndiqués contre .... en 2016. Cette baisse s'est traduite par l'émergence, dès les années 1970, de nouveaux .... à la place de la .... dans les .... comme les manifestations, les pétitions, les débrayages.

L'émergence de nouveaux mouvements sociaux

Depuis les années 1960-1970, de **nouveaux mouvements sociaux (NMS)** sont apparus. Leurs caractéristiques diffèrent sensiblement des conflits du travail de l'époque :

- Le **mode d'organisation** → Les conflits du travail sont centralisés autour d'une action syndicale ; les NMS sont animés par des collectifs moins institutionnalisés.
- Les **valeurs portées** → Les conflits du travail portent sur des questions de redistribution des richesses (salaires, profits) ; les NMS ont une dimension plus qualitative, centrée sur la reconnaissance des individus.
- Le **rapport au politique** → Les conflits du travail sont portés par les syndicats avec un appui politique ; dans les NMS, les acteurs sont plutôt liés à des associations, collectifs....
- L'**identité des acteurs** → Les conflits du travail s'appuient sur une identité de classe (classe ouvrière) ; les NMS se réfèrent à d'autres principes identitaires, plus individuels.

À votre tour !

EXERCICE 1

- Les exemples suivants correspondent-ils à des conflits du travail traditionnels ou à de nouveaux mouvements sociaux (NMS) ?

a. Le mouvement indépendantiste basque réclame une autonomie politique. Conflit ☐ NMS ☐

b. À l'appel de leurs syndicats, les salariés d'une entreprise se mettent en grève pour demander une augmentation des salaires. Conflit ☐ NMS ☐

c. L'association des familles homoparentales milite pour obtenir le droit d'adopter des enfants. Conflit ☐ NMS ☐

EXERCICE 2

- Supposons l'existence d'un nouveau mouvement social (NMS) qui revendiquerait le droit à l'avortement dans un pays où il est interdit : à quelle caractéristique d'un NMS renvoie chacune des descriptions suivantes ?

1. Ce mouvement est porté par un collectif qui s'est constitué à partir d'échanges sur les réseaux sociaux. •	• a. Le mode d'organisation
2. Ce collectif soutient que les femmes doivent être libres de disposer de leur corps. •	• b. Les valeurs portées
3. Le collectif se définit comme « un regroupement de femmes libres ». •	• c. Le rapport au politique
4. Le collectif regroupe des personnalités publiques (actrices, chanteuses) et des citoyens indépendants qui n'appartiennent pas à un parti politique. •	• d. L'identité des acteurs

32 La socialisation, un processus

1re

Rappels

- La socialisation est un **processus d'acquisition de normes et de valeurs** orientant les comportements, les manières de penser et d'agir des individus dans un groupe social donné. Elle permet aux individus de devenir des **acteurs sociaux**, intégrés à la société.
- Les **normes** sont des règles sociales que les individus doivent suivre (par exemple, saluer quelqu'un) ; les **valeurs** correspondent à des principes moraux (ici, la politesse). On peut ainsi associer à chaque valeur une pluralité de normes.
- La socialisation peut prendre différentes formes :

- **apprentissage** (inculcation de normes et valeurs) ;
- **identification** (imitation d'autres individus) ;
- **intériorisation** (par l'interaction avec les membres du groupe social).

Socialisation primaire et socialisation secondaire

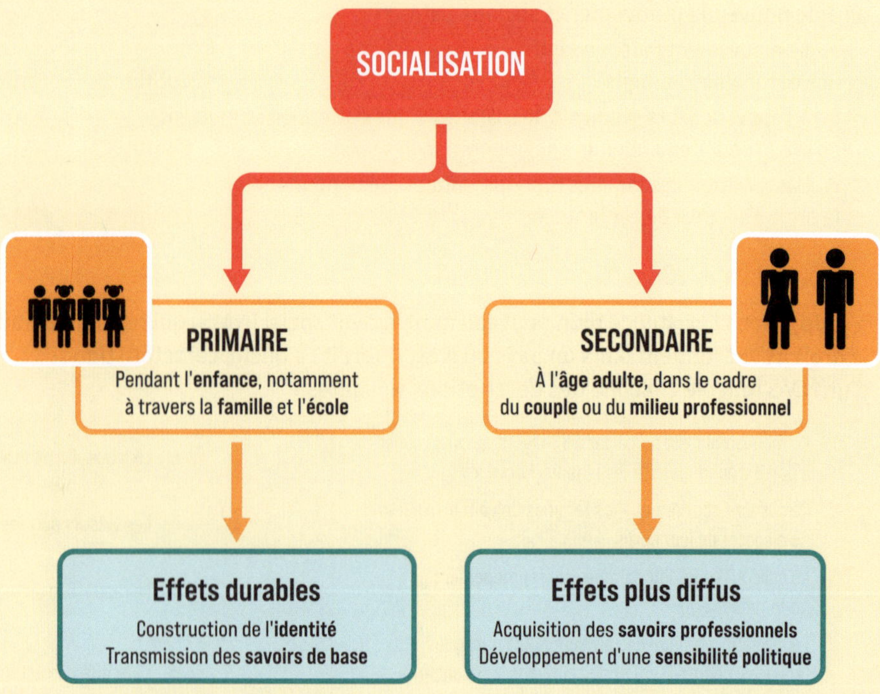

À votre tour !

- Classez les éléments en gras du schéma p. 70 dans le tableau suivant.

	Socialisation primaire	Socialisation secondaire
Période de la vie	....	....
Savoirs acquis	....	....
Principaux agents de socialisation	....	....
Influence sur l'individu	....	....

Les trajectoires sociales improbables

La **pluralité des influences socialisatrices** peut être à l'origine de **trajectoires individuelles improbables**.

À votre tour !

Georges Pompidou (1911-1974) est né dans un village d'Auvergne. Ses parents étaient instituteurs et ses grands-parents d'origine paysanne. Il a fait ses études à Albi, avant d'intégrer une classe préparatoire au lycée Louis-le-Grand à Paris. En 1931, il réussit le concours de l'École Normale Supérieure (ENS), puis l'agrégation de lettres. Il devient ainsi professeur de français, latin et grec au collège à Marseille, puis à Paris au lycée Henri IV. Grâce à un camarade de l'ENS, il rencontre à la Libération le général de Gaulle et devient chargé de mission au cabinet du général. Après la victoire à l'élection présidentielle de 1958 de Charles de Gaulle, il est nommé directeur de cabinet, puis Premier ministre en 1962. Le 15 juin 1969, il est élu Président de la République.

1. Dans la biographie, soulignez en vert les passages montrant les différentes fonctions occupées par Georges Pompidou au cours de sa vie.

2. Soulignez en rouge les personnes qui ont joué un rôle dans sa trajectoire sociale.

33 L'école, un agent socialisateur

Tle

Rappels

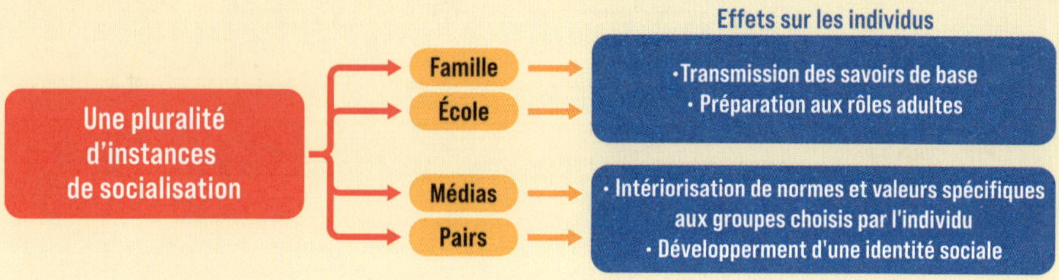

École et socialisation

- L'école contribue à la **socialisation** des individus à travers le partage de **valeurs communes** et la transmission de **savoirs**, ce qui renforce la cohésion sociale.
- Par ce processus, elle favorise l'**intégration des individus** à la société, tout en les préparant à leur future vie d'adulte, de citoyen.

À votre tour !

« **Article 1er.** La France est une République indivisible, laïque, démocratique et sociale. Elle assure l'égalité devant la loi, sur l'ensemble de son territoire, de tous les citoyens. Elle respecte toutes les croyances.

Art. 2. La République laïque organise la séparation des religions et de l'État. L'État est neutre à l'égard des convictions religieuses ou spirituelles. Il n'y a pas de religion d'État.

Art. 3. La laïcité garantit la liberté de conscience à tous. Chacun est libre de croire ou de ne pas croire. Elle permet la libre expression de ses convictions, dans le respect de celles d'autrui et dans les limites de l'ordre public.

Art. 4. La laïcité permet l'exercice de la citoyenneté, en conciliant la liberté de chacun avec l'égalité et la fraternité de tous dans le souci de l'intérêt général.

Art. 5. La République assure dans les établissements scolaires le respect de chacun de ces principes. »

- Extraits de la Charte de la laïcité.

1. Soulignez les valeurs citées dans chaque article de la Charte de la laïcité.

2. Entourez l'article montrant que l'école doit jouer un rôle central dans la transmission de ces valeurs.

Démocratisation et massification

- L'école vise à favoriser l'**égalité des chances**, c'est-à-dire que la position sociale de chacun ne doit pas être liée à l'appartenance sociale d'origine, mais à ses talents, dans le cadre de la **méritocratie**.
- Depuis 1950, on assiste à la fois à une démocratisation et à une massification de l'enseignement. La **démocratisation** consiste en l'ouverture progressive du système d'enseignement à des couches sociales qui en étaient auparavant exclues. La **massification** consiste en l'augmentation du nombre d'élèves scolarisés.

À votre tour !

Part d'enfants de cadres et d'ouvriers par filière (2018 - 2019, en %)

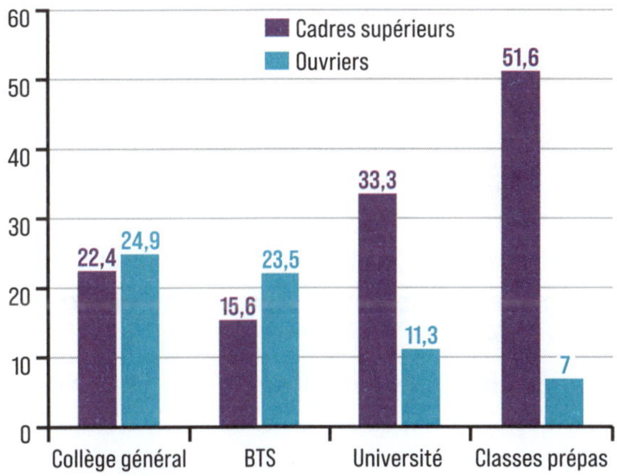

Lecture : Sur 100 étudiants en classes préparatoires en 2018-2019, 51,6 sont enfants de cadres et 7 sont enfants d'ouvriers.
Source : Éducation nationale, données 2018-2019.

1. Ce document remet en question :

☐ La dynamique de démocratisation scolaire

☐ La dynamique de massification scolaire

2. Complétez le texte suivant à l'aide de données statistiques issues du document.

Ce document permet de montrer que la démocratisation scolaire n'est pas encore complètement aboutie dans le système d'enseignement français. On constate que la composition sociale des différentes filières d'enseignement change quand le niveau d'études augmente. Ainsi, au collège général, ... des élèves sont enfants de cadres, contre .... qui sont enfants d'ouvriers. Dans les classes préparatoires, ... des étudiants sont enfants de cadres, contre seulement .... qui sont enfants d'ouvriers. L'ouverture sociale du système d'enseignement est donc toute relative.

34 La socialisation différenciée T[le]

Rappels

- La socialisation est **différenciée** : elle varie en fonction de certaines caractéristiques sociales, dont le **sexe** et le **milieu social d'origine**.
- Les instances de socialisation transmettent des normes et des valeurs qui diffèrent selon le sexe des individus : on parle de **socialisation genrée**. Cela peut se traduire par des comportements et des pratiques différentes selon qu'on est une fille ou un garçon.
- La socialisation dépend aussi du **milieu social** d'origine. La famille transmet notamment un **capital culturel**, qui a une forte influence sur les pratiques culturelles et sur la réussite scolaire.

Socialisation différenciée et inégalités

- La **socialisation différenciée** (selon le genre ou le milieu social) peut générer des inégalités entre les hommes et les femmes ou entre les individus issus de milieux sociaux différents.
- Du point de vue de l'école, il existe ainsi des **inégalités scolaires liées à l'origine sociale** qui s'expliquent notamment par les différences de **capital culturel** entre des familles issues de milieux sociaux différents.
- Il existe également à l'école des **inégalités liées au genre** qui sont liées à la **division sexuée** des disciplines, reposant sur des stéréotypes de genre. Cette division sexuée a un impact sur l'orientation scolaire et sur l'emploi (et sa rémunération).

À votre tour !

EXERCICE 1

Part des femmes dans les différentes formations d'enseignement supérieur en 2018-2019 (en %)

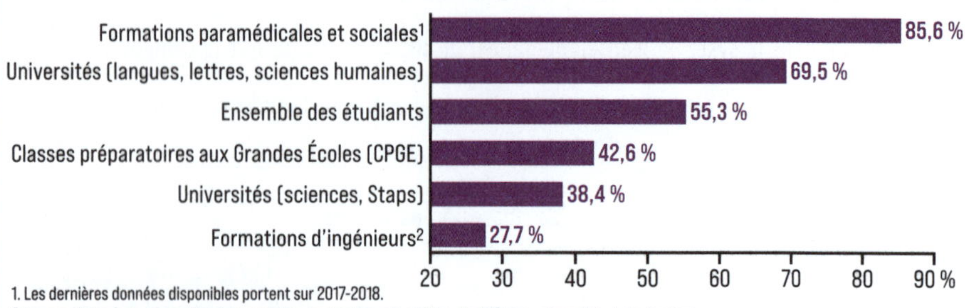

1. Les dernières données disponibles portent sur 2017-2018.
2. Y compris les formations d'ingénieurs dépendantes des universités, des INP, des universités de technologies et les formations d'ingénieurs en partenariat.
Source : Repères et références statistiques, DEPP-MENJ, 2019.

● À partir du graphique p. 74, complétez le texte à l'aide des termes suivants : moins bien; féminisées; inégalités sociales; sexe; 27,7 %; orientation; 85,6 %.

Ce document montre des différences d'.................................... dans l'enseignement supérieur en fonction du .... Certaines formations sont très .... : en 2018-2019 par exemple, ... des étudiants dans les formations paramédicales et sociales étaient des femmes. À l'inverse, d'autres filières sont très peu féminisées. Ainsi, seulement .... des étudiants en formation d'ingénieurs sont des femmes. Ces différences d'orientation peuvent engendrer des .... et économiques, dans la mesure où les filières fortement féminisées conduisent à des emplois généralement .... rémunérés que ceux des filières fortement masculinisées.

EXERCICE 2

Élèves de 6e ayant déjà redoublé selon l'origine sociale (en %)						
Agriculteur	Artisan, commerçant	Cadre	Profession intermédiaire	Enseignant	Employé	Ouvrier
5,3	6	1,9	4,3	1,7	6,5	10,4

● Ministère de l'Éducation nationale, données 2017, © Observatoire des inégalités.

1. Quelle est la bonne manière de lire la donnée entourée parmi les deux propositions suivantes ?

- ☐ En 2017, 1,9 % des élèves qui ont redoublé au moins une classe sont des enfants de cadres.
- ☐ En 2017, 1,9 % des enfants de cadres en classe de 6e ont déjà redoublé au moins une classe.

2. Classez les différentes catégories sociales en fonction de la part des élèves de 6e ayant redoublé.

Catégorie sociale où les élèves redoublent le moins › › › › › › Catégorie sociale où les élèves redoublent le plus

.... › .... › .... › .... ›

.... › .... › ....

3. Quels phénomènes peuvent expliquer les constats réalisés aux questions 1 et 2 ?

- ☐ La socialisation genrée
- ☐ La socialisation selon le milieu social
- ☐ Les inégalités de capital culturel
- ☐ La méritocratie

35 Un espace social structuré

La nomenclature des professions et catégories socioprofessionnelles (PCS) 1re

La **grille des PCS** classe la population dans **8 grands groupes** présentant une certaine homogénéité sociale, en fonction de critères comme la profession, la position hiérarchique et le statut professionnel.

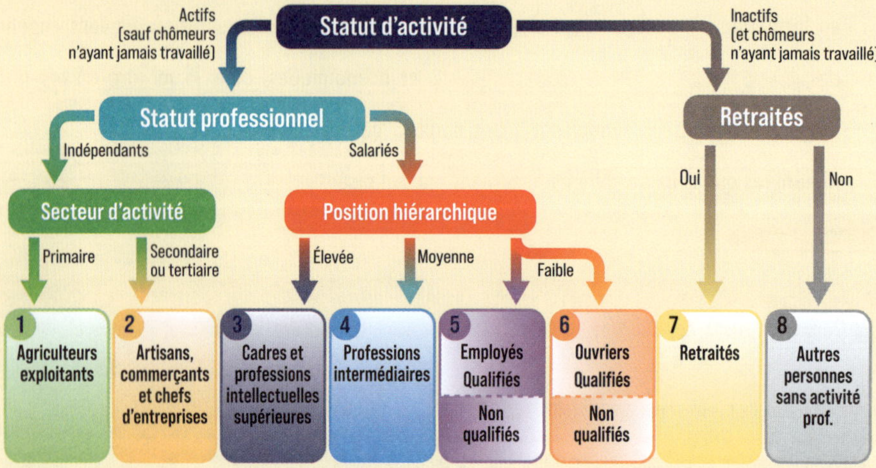

À votre tour !

- À l'aide des numéros 1 à 8 de la grille PCS reproduite ci-dessus, indiquez le groupe socioprofessionnel de chaque individu.

  - Un commerçant de 65 ans qui a arrêté son activité ....
  - Un professeur de lycée ....
  - Un agriculteur travaillant sur une petite exploitation ....
  - Un plombier travaillant à son compte ....
  - Une jeune lycéenne en Terminale ....
  - Une coiffeuse salariée dans un salon ....
  - Un soudeur dans la construction ....
  - Un infirmier dans une clinique ....

Un espace social structuré et hiérarchisé

Tle

- Pour rendre compte de la structure sociale, il faut prendre en considération des critères variés comme le **sexe**, le **lieu de résidence**, la **composition du ménage**, le **niveau de diplôme** ou encore l'**âge** (et la **position dans le cycle de vie**).
- La structure socioprofessionnelle a fortement évolué depuis la Seconde Guerre mondiale. On note une augmentation de la part des salariés dans la population active, au détriment des non-salariés (phénomène de **salarisation**) et une **féminisation** de la population active. L'économie a connu un phénomène de **tertiarisation**, qui s'explique par le **progrès technique** et induit l'**élévation du niveau de qualification**.
- Ces évolutions, ainsi que la hausse du niveau de vie moyen de la population, semble **remettre en cause la vision marxiste des classes sociales**.

À votre tour !

1. Vrai ou faux ?

a. La tertiarisation a entraîné une hausse du nombre d'ouvriers. Vrai ☐ Faux ☐

b. Tous les actifs sont salariés. Vrai ☐ Faux ☐

c. Le diplôme offre une protection contre le chômage. Vrai ☐ Faux ☐

d. L'amélioration de la productivité des travailleurs a augmenté leur niveau de richesse et donc leur consommation de services. Vrai ☐ Faux ☐

e. L'épargne d'un individu varie en fonction du cycle de vie. Vrai ☐ Faux ☐

2. À l'aide de votre manuel, classez dans le tableau les affirmations A à H selon leur auteur.

A. On peut classer les individus selon trois ordres hiérarchiques : économique, social et politique.

B. Il y a un affrontement entre deux classes sociales, le prolétariat et la bourgeoisie.

C. Dans l'ordre social (groupes de statut), les individus sont classés en fonction de leur niveau de prestige.

D. Ceux qui ne possèdent que leur force de travail doivent la vendre aux capitalistes.

E. Lorsque les individus ont conscience d'appartenir à une classe sociale, on parle de « classe pour soi ».

F. Dans les classes sociales, les individus sont classés en fonction de leur niveau de richesse (ordre économique).

Les théories des classes

Karl Marx (1818-1883)	Max Weber (1864-1920)
....	....

36 La mobilité, déplacement d'individus dans l'espace social

Tle

Distinguer les différentes formes de mobilité

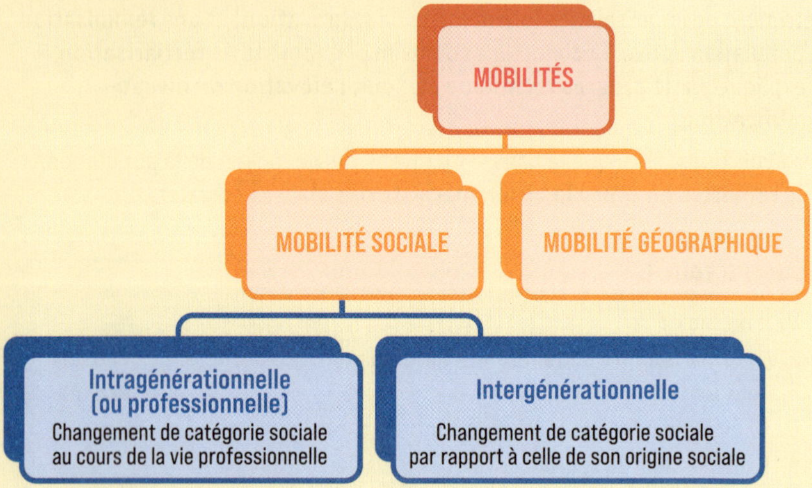

À votre tour !

- Pour chaque situation, cochez le(s) type(s) de mobilité(s) correspondant(s).

	Mobilité géographique	Mobilité professionnelle	Mobilité intergénérationnelle
Jean est aujourd'hui boulanger en Bretagne, il était auparavant professeur à Paris.	☐	☐	☐
Professeur de SES, Amina a été muté de Grenoble à Amiens.	☐	☐	☐
Sonia était salariée dans la publicité, puis elle est devenue restauratrice.	☐	☐	☐
Le père de Didier était ouvrier en Lorraine, Didier est lui professeur en Auvergne.	☐	☐	☐
Samir, comme son père, travaille dans le milieu hospitalier : son père était infirmier, Samir est médecin urgentiste.	☐	☐	☐

La mesure de la mobilité

- On peut mesurer la mobilité sociale grâce aux **tables de mobilité**. Celles-ci sont des tableaux à double entrée, construits lors d'enquêtes menées par l'Insee. Il existe la **table en effectifs** et deux tables en pourcentages : la **table de recrutement** et la **table de destinée**. Fiche 51 p. 110
- Ces tables présentent des intérêts multiples, mais aussi des limites.

À votre tour !

- Soulignez en vert les phrases présentant l'intérêt des tables de mobilité ; en rouge, celles énonçant leurs limites.
  - Elles indiquent l'ouverture des positions sociales.
  - Elles montrent la mobilité inter PCS et pas au sein des PCS.
  - Elles permettent de savoir lorsqu'il y a mobilité si les trajets sont courts ou longs.
  - Seuls les actifs de 30 à 59 ans sont enquêtés.
  - Elles permettent de calculer l'importance des déplacements dans la structure sociale, ou leur absence.
  - Entre deux générations, le prestige d'une profession évolue et ce critère n'est pas pris en compte.

Les caractéristiques de la mobilité sociale

- La **mobilité ascendante** caractérise les déplacements vers le haut de la structure sociale.
- Le déclassement est une **mobilité sociale descendante**.
- Sur la diagonale des tables de mobilité, figure l'**immobilité sociale**. C'est une forme de reproduction sociale.

À votre tour !

- Reliez chaque exemple à la situation de mobilité correspondante.

1. Père employé, fils cadre	a. Mobilité ascendante
2. Mère institutrice, fille infirmière	
3. Père chef d'entreprise, fille employée	b. Immobilité
4. Père paysan, fils agriculteur	
5. Mère ouvrière , fille professeure	c. Mobilité descendante

37 Les facteurs de la mobilité sociale

Tle

Rappels

- Si on partage tous des **valeurs** et des **normes communes**, notamment relayées par **l'école**, certains **éléments culturels diffèrent** selon le **milieu social** ou le **genre**, qui ont un impact sur le devenir des enfants.
- Mais des processus de socialisation diversifiés peuvent **ouvrir le champ des possibles** pour l'individu : des enfants de **milieux modestes** peuvent intégrer des parcours scolaires très valorisés ou connaître une **ascension professionnelle**.

L'impact de la famille sur la mobilité sociale

- Les ressources (**capital culturel, capital économique, capital social**) et les **configurations familiales** (taille et type du ménage, ressources de la famille...) influencent le destin des individus en favorisant, ou non, la **mobilité ascendante**.
- Les **stratégies des familles** ont également des conséquences sur le devenir des enfants (choix d'établissement, de filières...).

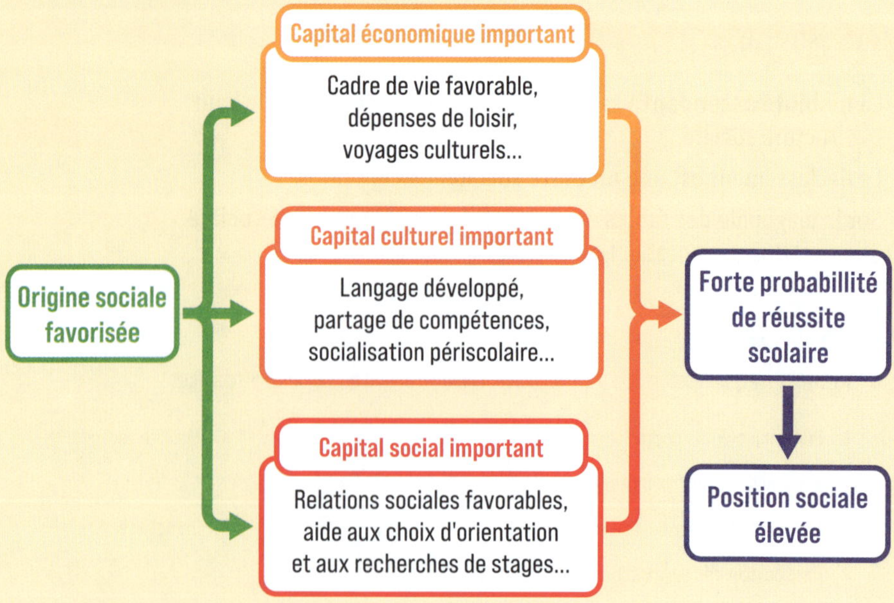

À votre tour !

- **Classez ces différentes ressources familiales selon le type de capital**

A. Participation à un voyage linguistique
B. Cours particuliers en mathématiques
C. Aide au devoir par ses parents
D. Aide à l'orientation par un ami professeur
E. Obtention d'un stage en alternance chez un client de l'entreprise familiale
F. Choix de jouets éducatifs

Capital économique	Capital culturel	Capital social
....	....	....

L'impact de l'évolution des emplois sur la mobilité sociale

Une partie de la **mobilité observée** est liée aux changements économiques entre deux générations, qui font évoluer la structure socioprofessionnelle : c'est la **mobilité structurelle**.

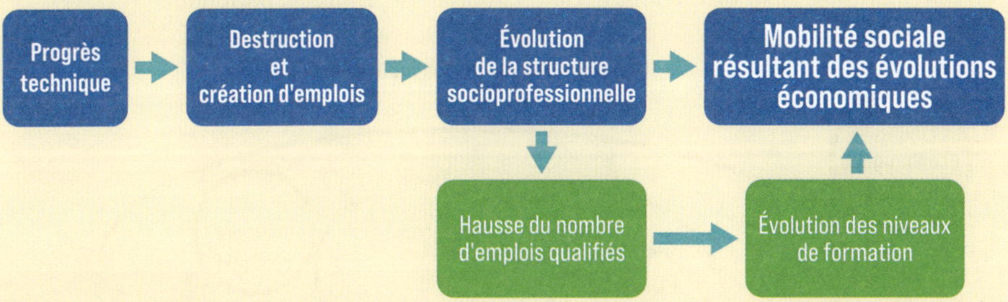

Dans un contexte où les emplois créés se polarisent selon les qualifications et où les niveaux de formation individuelle augmentent plus vite que les créations d'emplois qualifiés, la mobilité structurelle ralentit, d'où une crainte du déclassement.

À votre tour !

- **Parmi ces facteurs favorisant la mobilité sociale, soulignez ceux qui concernent la mobilité structurelle.**

a. La baisse du nombre d'actifs dans l'agriculture
b. Développement des bourses d'étude
c. Augmentation des besoins en informaticiens
d. Réduction des inégalités économiques
e. Accès facilité aux grandes écoles pour les élèves de milieux défavorisés
f. Augmentation des emplois de services du fait de la tertiarisation

38 L'intégration économique européenne

Tle

Qu'est-ce que l'intégration économique ?

L'**intégration** désigne le processus par lequel un ensemble de pays décident de **constituer un espace économique commun**. En 1961, l'économiste hongrois Bela Balassa met en évidence les différentes étapes que traversent les pays souhaitant mettre en œuvre ce processus d'intégration. À l'image des poupées russes, chaque nouvelle étape englobe l'étape précédente, en y ajoutant de nouvelles caractéristiques.

À votre tour !

EXERCICE 1

- **Complétez le schéma ci-dessous à l'aide des expressions suivantes :** Union politique ; Marché commun ; Union douanière ; Union économique.

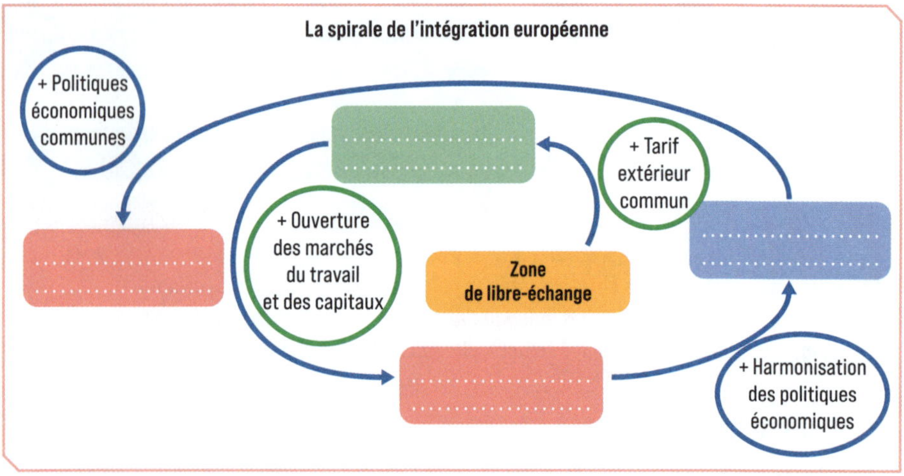

EXERCICE 2

Carte interactive
Les membres de l'UE
hatier-clic.fr/20ses011

- **Vrai ou faux ? Pour répondre, vous pouvez vous aider du lien ci-contre.**

a. L'Union européenne est constituée de 27 pays. Vrai ☐ Faux ☐

b. Certains pays de l'UE ne font pas partie de la zone euro. Vrai ☐ Faux ☐

c. La BCE dirige la politique monétaire et budgétaire des pays de la zone euro. Vrai ☐ Faux ☐

Rappels

Face à l'accroissement de la concurrence internationale, certains pays ont fait le choix de construire des **unions régionales** afin de faciliter les échanges entre eux, mais aussi pour pouvoir s'insérer plus facilement dans la concurrence internationale.
En effet, une plus forte concurrence à l'intérieur de ces unions régionales permet de mieux **affronter la concurrence avec le reste du monde**. L'Union européenne est une de ces unions régionales.

Marché unique et croissance

- Le marché intérieur de l'Union européenne est aussi appelé **marché unique**. C'est une **union douanière** caractérisée par la **libre circulation des biens, des services, des capitaux et des personnes**.
- L'application de ces principes accroît considérablement la taille du marché européen, permettant à chacune des économies de la zone de se spécialiser afin de proposer aux consommateurs une plus grande variété de produits, à des prix plus bas en raison de la forte concurrence à l'intérieur de la zone. Le marché unique est donc **source de croissance économique**.

→ À votre tour !

- Complétez le schéma à l'aide des expressions suivantes :
hausse ; prix ; innovation ; avantages comparatifs ; coûts de production ; concurrence ; demande ; plus grand choix de biens ; productivité.

Les avantages attendus du marché unique en termes de croissance

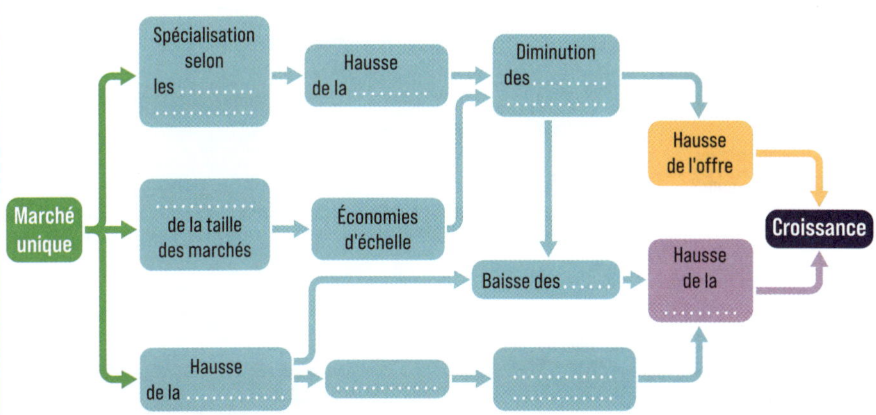

39 La politique européenne de concurrence 1re

Les caractéristiques de la concurrence

- La concurrence est une **situation de marché** dans laquelle les offreurs et les demandeurs sont « preneurs de prix » (*price-taker*) car ils ne peuvent exercer une action sur le prix du marché par leur seule décision en raison des hypothèses :
  - d'atomicité (multitude d'offreurs et de demandeurs);
  - d'homogénéité (produit identique sur un marché);
  - de libre entrée et sortie sur le marché;
  - de transparence (parfaite information pour les acteurs);
  - de mobilité des facteurs de production.
- Cependant, les offreurs peuvent mettre en place des **stratégies** (différenciation, ententes...) afin d'augmenter leur pouvoir de marché. Ces stratégies sont défavorables aux consommateurs qui doivent alors supporter des prix plus élevés et/ou une plus lente mise en œuvre des innovations. C'est pourquoi la **Commission européenne** applique une **politique de la concurrence**.

À votre tour !

EXERCICE 1

- Complétez le schéma à l'aide des termes suivants : Encourager l'innovation ; Surveillance des marchés ; Baisse des prix ; Interdiction des aides d'État ; Pour les consommateurs ; Pour les entreprises ; Contrôle.

Les objectifs et les moyens de la politique de la concurrence

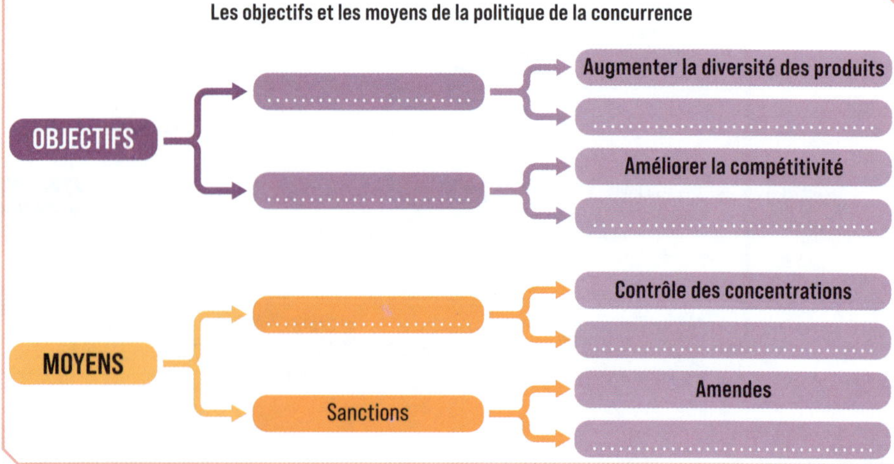

EXERCICE 2

● À quel instrument de la politique de la concurrence correspondent les situations suivantes ?

1. Limiter la coopération entre Auchan, Casino et Metro dans le cadre de la mutualisation de leurs achats.
2. Interdiction des subventions accordées à la compagnie aérienne Lufthansa dans le cadre de la crise sanitaire de 2020.
3. Enquêter sur le projet de fusion entre les groupes PSA (Peugeot, Citroën) et Fiat Chrysler.
4. En 2020, l'entreprise Apple s'est vue infliger 1,1 milliard d'euros d'amende pour des pratiques déloyales vis-à-vis de certains revendeurs.

a. Contrôle des concentrations
b. Surveillance des marchés
c. Amendes
d. Interdiction des aides d'État

Les limites de la politique de la concurrence

La politique de la concurrence européenne rencontre un certain nombre de **limites**.

A Elle empêcherait les États membres de mener librement leur politique industrielle (empêchant par exemple l'émergence de champions nationaux ou européens).

B Elle freinerait l'innovation et n'entraînerait pas forcément une baisse des prix car l'ouverture à la concurrence des secteurs autrefois en situation de monopole aboutirait à la constitution d'oligopoles.

C La politique de la concurrence ne s'applique qu'aux pays européens et non aux pays extérieurs à la zone, qui peuvent encore avoir recours à des pratiques anti-concurrentielles.

À votre tour !

● À quelles limites de la politique de la concurrence **A**, **B** ou **C** évoquées ci-dessus correspondent les situations suivantes ?

Le marché des télécommunications, ouvert à la concurrence depuis 1996, n'est aujourd'hui partagé qu'entre 4 grands opérateurs (Orange, SFR, Free et Bouygues Télécom).	....
Alors qu'elles sont interdites dans l'Union européenne, des subventions sont accordées aux entreprises chinoises dans de nombreux secteurs.	....
En 2019, la Commission européenne met son veto à la fusion entre Alstom et Siemens, empêchant ainsi l'apparition d'un « champion » européen de l'acier et du ferroviaire.	....

40 Les politiques conjoncturelles européennes

La politique monétaire 1re

- La politique monétaire désigne l'ensemble des mesures mises en œuvre par les pouvoirs publics pour **agir sur le fonctionnement de l'économie en utilisant la monnaie**.
- Au niveau européen, la **Banque centrale européenne (BCE)** met en œuvre la politique monétaire pour l'ensemble des pays membres de la zone euro.

À votre tour !

EXERCICE 1

- Classez les éléments suivants selon qu'ils renvoient aux objectifs de la politique monétaire ou aux instruments permettant sa mise en œuvre.

	Objectifs	Instruments
Croissance économique	☐	☐
Taux d'intérêt directeurs	☐	☐
Lutte contre l'inflation	☐	☐
Réserves obligatoires	☐	☐
Encadrement du crédit	☐	☐

EXERCICE 2

- Légendez les lettres A à C du schéma à l'aide des termes suivants : Demande ; Offre de monnaie ; Consommation.

Taux d'intérêt directeur et conjoncture

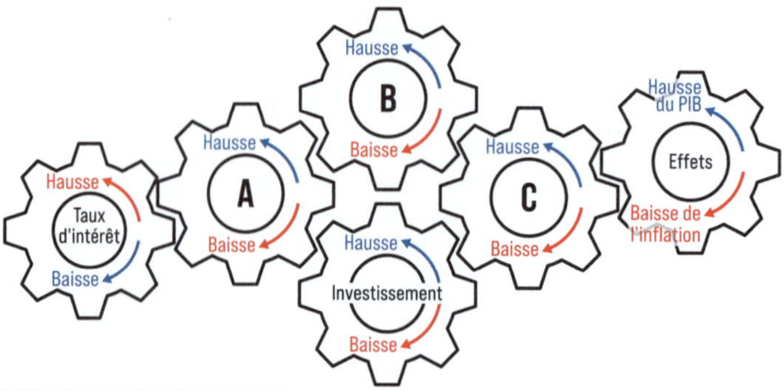

A ....

B ....

C ....

La politique budgétaire Tle

- La politique budgétaire désigne l'ensemble des mesures mises en œuvre par les pouvoirs publics pour **agir sur le fonctionnement de l'économie en utilisant le budget de l'État** (recettes publiques, dépenses publiques).
- Elle peut avoir pour objectif de **soutenir la croissance** économique (politique de relance) ou de **ralentir** cette dernière (politique de rigueur) en cas de risque inflationniste.
- Au niveau européen, **chaque État membre dispose librement de sa politique budgétaire** dès lors qu'il respecte les critères du Pacte de Stabilité et de Croissance (déficit et dette maîtrisés).

Les mécanismes d'une politique budgétaire de rigueur et d'austérité

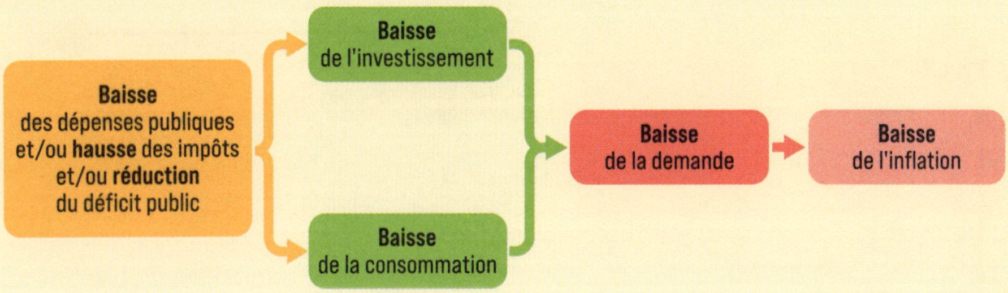

À votre tour !

- Complétez par « Hausse » ou « Baisse » le schéma suivant.

Les mécanismes d'une politique budgétaire de relance

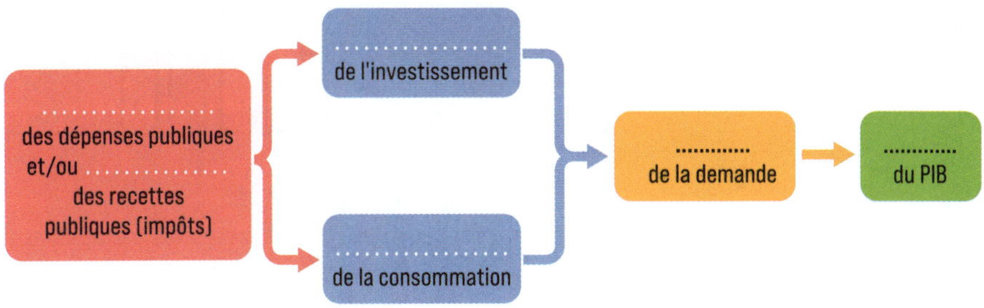

PARTIE 3 Les savoir-faire

Courbe de Lorenz

Corrélation et causalité

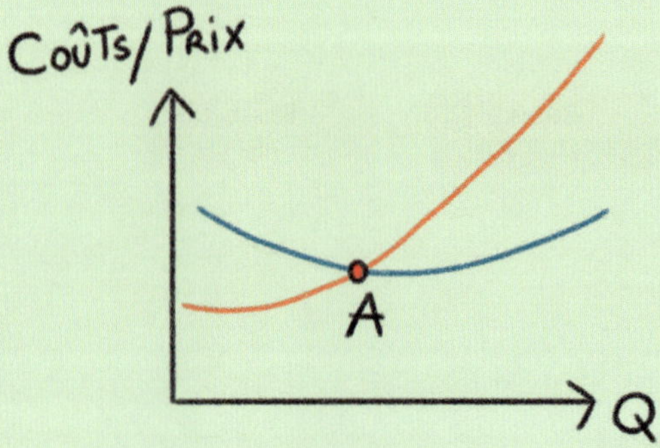

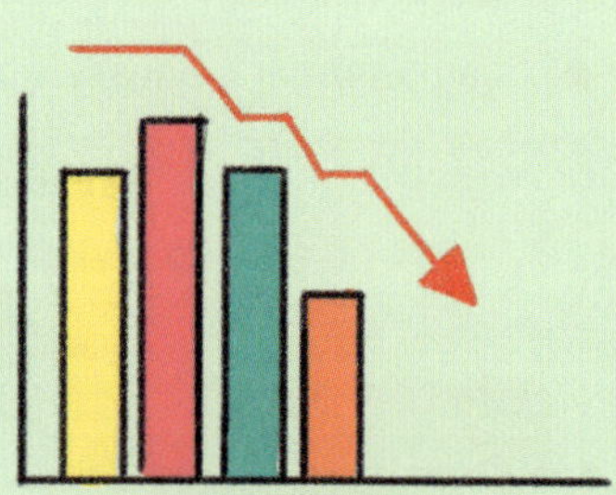

Médiane

en SES

Mesure en valeur et en volume

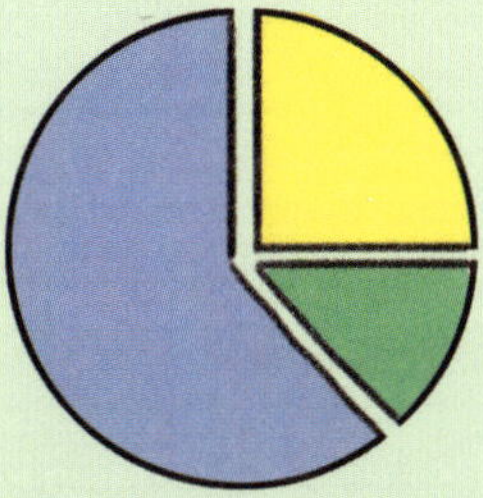

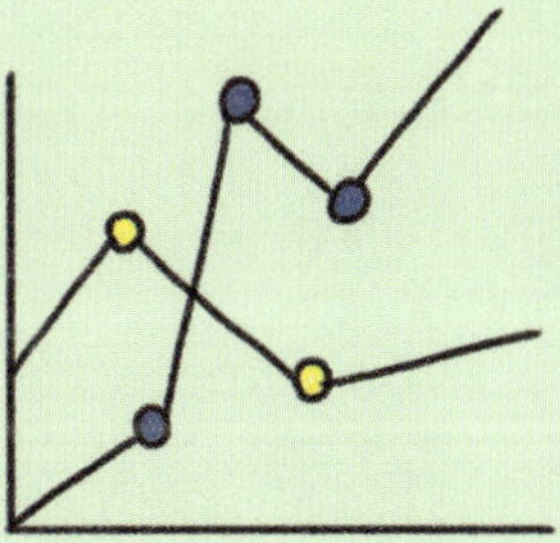

Taux de variation moyen

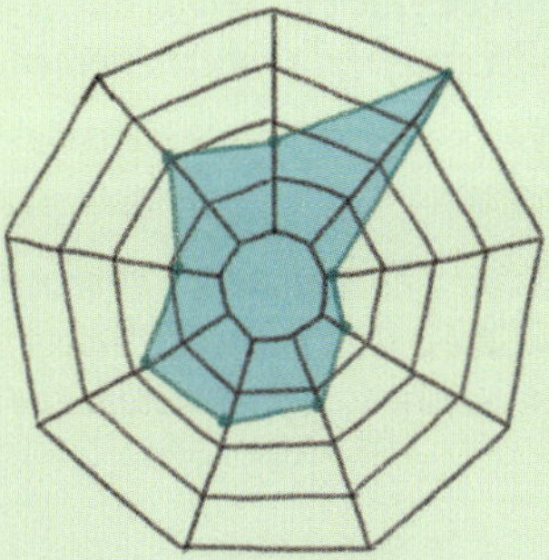

41 Proportions et pourcentage de répartition

Pourquoi utiliser des proportions ?

La **mesure absolue** des phénomènes économiques et sociaux ne permet pas toujours d'en appréhender l'importance. C'est pourquoi nous utilisons des **mesures relatives** – ou **proportions** – **de ces phénomènes en les rapportant à des ensembles de référence**.

$$\text{Calcul d'une proportion} = \frac{\text{phénomène étudié}}{\text{ensemble de référence}}$$

$$\text{Calcul d'un pourcentage de répartition} = \frac{\text{phénomène étudié}}{\text{ensemble de référence}} \times 100$$

EXEMPLE Mesurer qu'il y a 500 élèves en T^le^ dans un lycée ne permet d'appréhender réellement l'importance du nombre d'élèves en Tle dans ce lycée.

- S'il y a 1 000 élèves dans le lycée, alors les élèves de Tle représentent un nombre important des lycéens.

  Calcul de la proportion : 500/1 000 = 0,5

  → Un lycéen sur deux est en Tle dans ce lycée (1/2, soit 50 %).

- S'il y a 5 000 élèves dans le lycée, alors le nombre d'élèves en Tle est relativement moins important.

  Calcul d'un pourcentage de répartition : (500/5 000) × 100 = 10

  → Sur 100 lycéens, 10 sont en Tle (10 %, soit 1 dixième).

Comment interpréter un pourcentage de répartition ?

- Pour avoir du sens, l'interprétation d'un pourcentage de répartition doit **intégrer l'ensemble de référence**. Ainsi, **une lecture du type « la part est de... » ne sera pas acceptable**.
- Il faut **interpréter la valeur** de la manière suivante (les éléments entre crochets sont à modifier selon la situation) :

  En [année étudiée], selon [source de l'information], sur 100 [ensemble de référence], [x] sont [phénomène étudié].

EXEMPLE Cette année au lycée, selon les données de l'administration, sur 100 lycéens, 10 sont en Tle.

! *Il n'est possible d'additionner ou de soustraire des pourcentages de répartition que s'ils ont été calculés avec le même ensemble de référence.*
La différence entre deux pourcentages de répartition se mesure en points de pourcentage.

À votre tour !

EXERCICE 1

1. Complétez le tableau suivant (en arrondissant vos résultats à un chiffre après la virgule).

	2017	2018	2019	2020	2021
Nombre d'élèves en Tle	565	520	572	600	587
Nombre d'élèves dans le lycée	1 354	1 365	1 403	1 397	1 416
% d'élèves en Tle	....	....	....	....	....

• Secrétariat du lycée.

2. À l'aide des données du tableau, complétez les phrases suivantes.

En 2021, selon les données du secrétariat du lycée, sur 100 élèves, 41,5 sont élèves en Tle.

En 2018, selon les données du secrétariat du lycée, sur 100 élèves du lycée, 38,1 sont élèves en Tle.

EXERCICE 2

• Complétez le tableau ci-dessous.

Proportion	1/2	1/5	1/4	1/10	1/3	3/4
Pourcentage de répartition	50%	20 %	25%	10%	33,3 %	75 %

EXERCICE 3

• Vrai ou faux ?

a. Dans un lycée, sur 100 élèves, 35 sont en Tle. Dans le lycée voisin, sur 100 élèves, 25 sont en Tle. Dans ces deux lycées, sur 100 élèves, 55 sont donc en Tle. Vrai ☐ Faux ☒

b. Dans un lycée, sur 100 élèves, 30 sont en Tle et 42 en 2de. Les élèves de Tle et de 2de représentent donc 72 % des lycéens. Vrai ☒ Faux ☐

c. L'année dernière, sur 100 lycéens en Tle, 40 avaient choisi l'enseignement de spécialité SES. Cette année, sur 100 lycéens en Tle, 45 ont choisi cet enseignement. La part des lycéens ayant choisi la spécialité SES a donc augmenté de 5 %. Vrai ☒ Faux ☐

d. Cette année, sur 100 lycéens en Tle, 45 ont choisi l'enseignement de spécialité SES. L'an prochain, sur 100 lycéens en Tle, 50 suivront cet enseignement. La part des lycéens ayant choisi la spécialité SES augmentera de 5 points de pourcentage. Vrai ☒ Faux ☐

42 Mesures de variation

(coefficient multiplicateur, taux de variation, taux de variation cumulé, indice simple)

Tuto
Taux de variation, indice et coefficient multiplicateur
hatier-clic.fr/21cses012

Le taux de variation

- La mesure de variation en valeur absolue ne permet pas d'appréhender l'importance de l'augmentation ou de la diminution du phénomène étudié.

EXEMPLE S'il y a 100 élèves de plus dans un lycée qui en a 200, l'augmentation du nombre de lycéens est plus importante que dans un lycée qui en compte 1 000.

- Il faut **rapporter à la valeur de départ la variation du phénomène observée**. En multipliant le résultat par 100, on obtient alors le **taux de variation** du phénomène étudié **exprimé en %**.

$$\textbf{Taux de variation} = \frac{\text{Valeur d'arrivée - Valeur de départ}}{\text{Valeur de départ}} \times 100$$

Les taux de variation sont transformés en coefficients multiplicateurs afin d'être cumulés.

EXEMPLE Si le nombre d'élèves augmente de 2 %, puis de 3 %, il n'augmente pas au total de 5 %, mais de + 5,06 % (1,02 x 1,03).

→ À votre tour !

1. Complétez le tableau ci-contre.

	Nombre d'élèves en 2020	Nombre d'élèves en 2021	Taux de variation 2020-2021
Lycée A	200	300	+50%
Lycée B	1 000	1 100	+10%

- Données administratives.

2. Interprétez le taux de variation en complétant les phrases suivantes.

Entre 2020 [année de départ] et 2021 [année d'arrivée], le nombre d'élève du lycée B [phénomène étudié] a augmenté de 10% [taux] selon les données administratives [source].

En 2020, comme en 2021, le Lycée B a un nombre d'élèves plus élevé que le Lycée A, mais ce dernier a vu sa population augmenter plus fortement : hausse de 50%, soit 40 points de pourcentage de plus que l'augmentation de B.

Le coefficient multiplicateur

Lorsqu'un phénomène connaît une très **forte variation**, il est préférable de **mesurer la variation à l'aide du coefficient multiplicateur**.

$$\textit{Coefficient multiplicateur (CM)} = \frac{\textit{Valeur d'arrivée}}{\textit{Valeur de départ}}$$

À votre tour !

1. Complétez le tableau suivant.

	Nombre d'élèves en 2020	Nombre d'élèves en 2021	Taux de variation 2020-2021	Coefficient multiplicateur
Lycée C	200	3 000	+ 1 400 %	X15

• Données administratives.

2. Complétez la phrase suivante en utilisant un coefficient multiplicateur.

Entre 2020 [année de départ] et 2021 [année d'arrivée], le Nombre d'élève [phénomène étudié] a été multiplié par 15 selon le tableau [source].

L'indice simple

L'indice d'évolution permet de **suivre un phénomène sur plusieurs années**.

$$\textit{Indice d'évolution} = \frac{\textit{Valeur recherchée en indice}}{\textit{Valeur en année de base}} \times 100$$

À votre tour !

1. Complétez le tableau ci-contre.

2. Utilisez correctement un indice en complétant la phrase suivante.

Nombre d'élèves dans un lycée D (indice base 100 en 2019)

2019	2020	2021	2022
212	225	252	278
100	106	118,86	131,13

• Données administratives.

Selon .... [source], s'il y avait 100 % des [phénomène étudié] en 2019 [année de référence, base], il y en aurait 108 % en 2022 dans le lycée D.

43 Moyenne arithmétique simple ou pondérée

Définition

- Face à plusieurs données chiffrées homogènes (notes, salaires, etc.), la moyenne arithmétique est un indicateur utile car il **synthétise toutes ces données**.
- On distingue deux types de moyenne arithmétique :

– la **moyenne arithmétique simple**, pour laquelle toutes les valeurs ont le même poids. On obtient la moyenne en divisant la somme des valeurs x_1, x_2, x_3… x_n par le nombre de valeurs noté n.

$$\textbf{Moyenne arithmétique simple} = \frac{x_1 + x_2 + x_3 + \dots x_n}{n}$$

– la **moyenne arithmétique pondérée**, pour laquelle les valeurs ont des poids différents puisque le coefficient appliqué à chaque valeur n'est pas identique.
On obtient cette moyenne en divisant la somme des valeurs x_1, x_2, x_3… x_n pondérées par leurs coefficients respectifs c_1, c_2, c_3… c_n par la somme des coefficients.

$$\textbf{Moyenne arithmétique pondérée} = \frac{(x_1 \times c_1) + (x_2 \times c_2) + (x_3 \times c_3) + \dots (x_n \times c_n)}{c_1 + c_2 + c_3 + \dots c_n}$$

À votre tour !

EXERCICE 1

Évolution du PIB en volume en France entre 2014 et 2019 (en milliards d'euros)					
2014	2015	2016	2017	2018	2019
2 149,8	2 173,7	2 197,5	2 247,9	2 288,2	2 322,7

- Données Insee, 2020.

- Calculez la moyenne du PIB en France entre 2014 et 2019.

....

EXERCICE 2

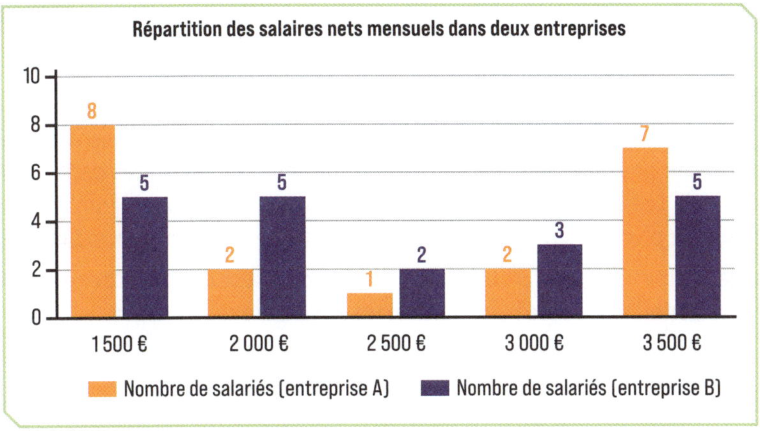

- Calculez le salaire moyen de chaque entreprise.

  - Entreprise A

  ....

  - Entreprise B

  ....

Comment interpréter une moyenne ?

Qu'elle soit simple ou pondérée, la moyenne ne renseigne pas sur la manière dont les valeurs se répartissent dans l'ensemble qu'elle est supposée refléter. Il est ainsi difficile de savoir s'il y a beaucoup de valeurs extrêmes dans la distribution ou si, au contraire, les valeurs se concentrent autour de la moyenne. Il faut donc être vigilant dans l'interprétation d'une moyenne : **une même moyenne peut exprimer des répartitions de valeurs différentes.**

À votre tour !

- Comparez le salaire moyen des entreprises A et B de l'exercice 2 ci-dessus.

....

....

....

44 Indice synthétique

Définition

- Les indices simples sont un outil statistique élaboré à partir de la variation d'une seule composante d'un phénomène. Les **indices synthétiques** permettent quant à eux de **tenir compte de plusieurs composantes**, en considérant l'**évolution simultanée de plusieurs phénomènes** (chacun étant mesuré par un indice simple).
- L'indice synthétique, parfois appelé indice pondéré, est donc une donnée qui permet de **synthétiser en une seule information un ensemble de données.**

Comment élaborer un indice synthétique ?

Pour élaborer un indice synthétique, il faut choisir les variables qui le composent.

1 L'exemple de l'indice de développement humain (IDH)

L'IDH intègre des données qualitatives et quantitatives.

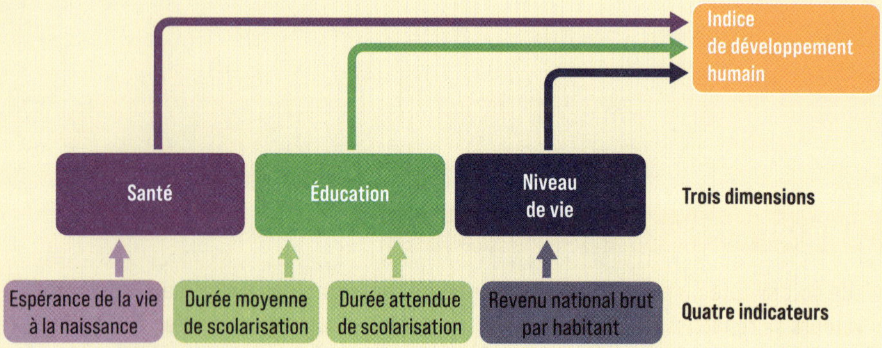

L'IDH se présente comme un nombre compris entre 0 et 1. Plus l'IDH se rapproche de 1, plus le niveau de développement du pays est élevé.

2 L'exemple de l'indice des prix à la consommation (IPC)

L'IPC est un indicateur économique qui **reflète l'évolution des prix** dans le temps pour un panier de biens et services qui sont achetés par les ménages et qui sont considérés comme représentatifs de leurs habitudes de consommation.
Il permet de mesurer l'inflation.

Les biens et services sont réunis en grandes catégories, auxquelles il est attribué une pondération en fonction de leur poids dans la consommation moyenne des Français.

EXEMPLE L'alimentation pèse 17,5 %, la restauration 6,3 %, les carburants 4 % et les loyers 6,1 %. L'IPC est donc une moyenne pondérée.

À votre tour !

EXERCICE 1

Rang	Pays	IDH	Espérance de vie à la naissance (en année)	Durée attendue de scolarisation (en année)	Durée moyenne de scolarisation (en année)	Revenu national brut par habitant (en $ PPA)
1	Norvège	0,954	82,3	18,1	12,6	68 059
15	Royaume-Uni	0,920	81,2	17,4	13	39 507
26	France	0,891	82,5	15,5	11,4	40 511
35	Émirats arabes unis	0,866	77,8	13,6	11	66 912

- Données 2019 du Programme des Nations Unies pour le développement, www.undp.org.

- À l'aide des données du tableau, sélectionnez pour chaque phrase la bonne réponse parmi les trois propositions.

a. Le Royaume-Uni est mieux classé que la France selon l'IDH...
- ☐ ... parce qu'il est beaucoup plus riche que la France.
- ☐ ... parce qu'il a une meilleure espérance de vie.
- ☐ ... parce qu'il a une meilleure durée de scolarisation.

b. Les Émirats arabes unis sont plutôt bien classés selon l'IDH...
- ☐ ... parce que les habitants sont riches.
- ☐ ... parce que leur espérance de vie est forte.
- ☐ ... parce qu'ils sont bien instruits.

EXERCICE 2

- À l'aide du graphique ci-contre, complétez le texte suivant.

L'IPC a augmenté de .... % depuis 2015. Cette moyenne masque cependant des variations très différentes selon le type de produits. Par exemple, le prix .... a augmenté de 7,8 % depuis 2015 (comme les prix de .... qui augmentent de 7,3 %). À l'inverse, les prix moyens de la santé ont baissé de .... % et les biens durables de loisir (matériel audiovisuel, photographique et de traitement de l'information) ont vu leur prix le plus baisser, de .... %.

Indices des prix en janvier 2020 (base 2015 = 100)

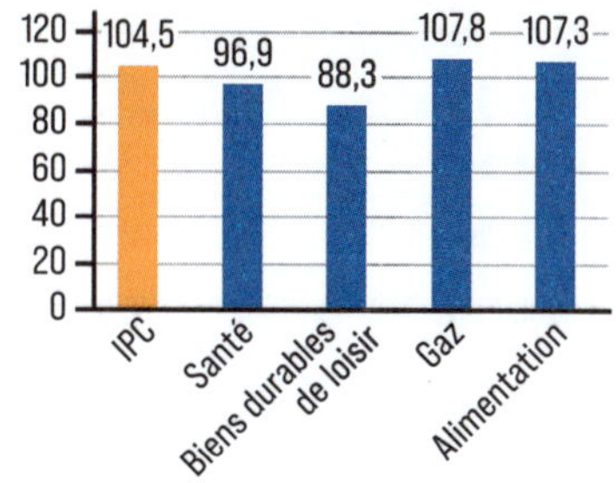

Source : Insee, 2021.

45 Médiane

Comment calculer la médiane ?

- Dans une série de valeurs (salaires, niveau de vie...), la médiane est la **valeur qui partage l'effectif total en deux parts égales** (il y a autant de valeurs qui lui sont inférieures que de valeurs qui lui sont supérieures).
- Il y a **deux étapes pour trouver la médiane** :

1. On **classe la population** en fonction de la variable étudiée **par ordre croissant** ;
2. On **divise l'effectif total** de la population en deux, avec **deux cas de figure** :

- Si l'effectif total est **impair**, la médiane correspond à la valeur qui se trouve exactement au milieu de la série.

EXEMPLE Si la population est composée de 9 personnes, la médiane correspondra à la valeur de la variable pour la 5e personne (4 personnes auront moins, 4 personnes auront plus).

- Si l'effectif total est **pair**, la médiane est trouvée en faisant la moyenne des deux valeurs qui se situent juste au-dessus et juste en dessous de la médiane.

EXEMPLE Si la population est composée de 10 personnes, la médiane correspondra à la moyenne de la variable des 5e et 6e personnes.

→ À votre tour !

Dans une entreprise de 8 salariés, les salaires se répartissent de la manière suivante :

Prénom du salarié	Salaire net mensuel (en euros)
Léonie	1 200
Katarina	2 200
Mohamed	3 000
Étienne	1 400
Killian	1 600
Tony	2 000
Élio	2 500
David	2 800

1. Classez la population par ordre croissant selon le salaire net mensuel.

....

....

....

2. Quel est le montant du salaire mensuel net médian dans cette entreprise ?

....

....

....

....

Comment interpréter la médiane ?

- Pour faire une phrase donnant la signification de la médiane, on peut procéder ainsi :
  « 50 % de la population étudiée ont/touchent/reçoivent moins de la valeur de la médiane alors que 50 % de la population étudiée ont/touchent/perçoivent plus ».

EXEMPLE Dans l'entreprise A, 50 % des salariés touchent moins de 2 000 € et 50 % des salariés touchent plus.

- Il est essentiel de **ne pas confondre la moyenne et la médiane**. Ces deux valeurs sont le plus souvent différentes car la moyenne est sensible aux valeurs extrêmes dans une série de valeurs, contrairement à la médiane.

À votre tour !

Salaires nets mensuels en équivalent temps plein en 2017 selon le sexe en France (en euros)

	Ensemble		Hommes	Femmes
		Évolution 2016-2017 (en %)		
Salaire médian	1 845	0,9	1 943	1 715
Salaire moyen	2 314	0,9	2 488	2 069

- « Salaires dans le secteur privé », *Insee Première* n° 1 798, 16 avril 2020.

- D'après les données du tableau, les affirmations suivantes sont-elles vraies ou fausses ?

a. En 2017, 50 % des hommes percevaient moins de 2 488 euros nets par mois et 50 % un salaire supérieur. Vrai ☐ Faux ☐

b. En 2017, 50 % des femmes touchaient moins de 1 715 euros nets par mois et 50 % un salaire plus élevé. Vrai ☐ Faux ☐

c. En 2017, 50 % des Français ont eu moins de 1 845 euros nets par mois et 50 % un salaire supérieur. Vrai ☐ Faux ☐

d. Dans l'ensemble de la population, le salaire médian est inférieur au salaire moyen. Vrai ☐ Faux ☐

e. Le salaire moyen est supérieur au salaire médian car il est plus sensible aux valeurs élevées dans la distribution des salaires. Vrai ☐ Faux ☐

46 Écarts et rapports interquantiles

Tle

Les quantiles

- Les **quantiles** sont un outil statistique permettant d'évaluer la **dispersion d'une série**. Ils correspondent aux valeurs prises par une variable qui permettent de partager une série en *n* parts d'effectif égal. Il est ainsi possible de classer des individus par ordre croissant d'un paramètre donné, comme le niveau de vie, puis on les divise en *n* groupes de même taille.
- Les **déciles** partagent la série en 10 parts de même effectif : on repère donc 9 déciles ; les **quintiles** partagent la série en 5 parts de même effectif : on repère donc 4 quintiles ; les **quartiles** partagent la série en 4 parts de même effectif : on repère donc 3 quartiles.
- Il faut distinguer les **quantiles pointés** (bornes qui délimitent les tranches) des **quantiles moyens** (moyenne à l'intérieur de chaque tranche).

À votre tour !

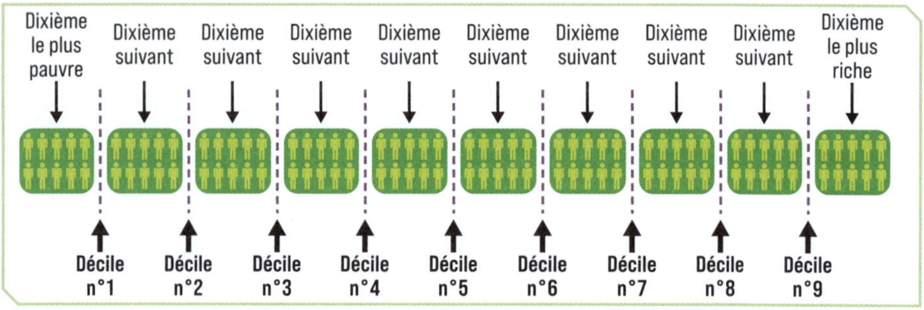

Supposons que les individus d'une population soient classés selon la méthode des déciles, du niveau de vie le plus faible au niveau de vie le plus élevé.

- À quels déciles correspondent les individus suivants ?

a. Le plus pauvre des 10 % les plus riches. ....

b. Le plus riche des 50 % les plus pauvres. ....

c. Le plus pauvre des 70 % les plus riches. ....

d. Le plus riche des 10 % les plus pauvres. ....

e. Le plus pauvre des 30 % les plus riches. ....

f. Le plus pauvre des 50 % les plus riches. ....

Écarts et rapports interquantiles

- L'**écart interquantile** (encore appelé « étendue interquantile ») correspond à l'**écart absolu entre les quantiles extrêmes** (en faisant abstraction des deux intervalles extrêmes). Cet outil permet de **donner une idée de l'amplitude des inégalités**.
Ainsi, l'écart interdécile est égal à D9 - D1.
- Le **rapport interquantile** renvoie à un **écart relatif entre les quantiles extrêmes**. On le calcule en divisant la valeur du quantile le plus élevé par la valeur du quantile le plus faible (abstraction faite des deux intervalles extrêmes). Cet outil permet de **mesurer l'ampleur des inégalités et de suivre leur évolution dans le temps**, car il s'appuie sur des données relatives. Ainsi, le rapport interdécile est égal à D9 / D1.

À votre tour !

Distribution des niveaux de vie entre 2013 et 2018 (en euros 2018 constants)

	2013	2018
1er décile (D1)	11 190	11 210
2e décile (D2)	14 110	14 150
3e décile (D3)	16 460	16 680
4e décile (D4)	18 610	18 990
Médiane (D5)	20 780	21 250
6e décile (D6)	23 200	23 750
7e décile (D7)	26 230	26 680
8e décile (D8)	30 670	30 820
9e décile (D9)	38 390	39 130

Champ : France métropolitaine, individus vivant dans un ménage dont le revenu déclaré est positif ou nul et dont la personne de référence n'est pas étudiante.

- Insee-DGFiP-Cnaf-Cnav-CCMSA, enquêtes Revenus fiscaux et sociaux de 2012 à 2018.

- À l'aide du tableau, complétez le texte suivant en soulignant les expressions appropriées.

Entre 2013 et 2018, l'écart interdécile a diminué/augmenté, passant de 27 200/27 920 euros à 27 200/27 920 euros. Dans le même temps, le rapport interdécile a légèrement diminué/augmenté : en 2013, le niveau de vie le plus faible des 10 % les plus riches était 3,4/3,5 fois supérieur au niveau de vie le plus élevé des 10 % les plus pauvres, contre 3,4/3,5 fois plus en 2018. Ces évolutions montrent que les inégalités de niveau de vie ont légèrement diminué/augmenté sur la période considérée.

47 Courbe de Lorenz et coefficient de Gini

Tle

La courbe de Lorenz

- La **courbe de Lorenz** est une représentation graphique qui permet d'observer la **concentration d'une variable** (revenus, patrimoine, salaires...) **au sein d'une population donnée.**
- Pour construire cette représentation graphique, on utilise les **pourcentages cumulés croissants.**

Droite d'équi-répartiton, qui représente une situation d'égalité parfaite. Plus la courbe de Lorenz s'écarte de cette droite, plus les inégalités de répartition sont fortes. Plus elle s'en rapproche, plus les inégalités de répartition sont faibles.

Sur l'axe des **ordonnées**, la **variable étudiée** (par exemple, la part du patrimoine total détenue)

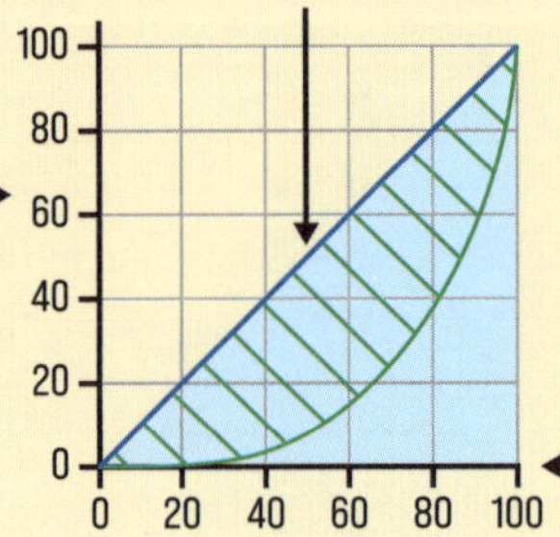

Sur l'axe des **abscisses**, la **population étudiée**, sous forme de **pourcentage cumulé**

À votre tour !

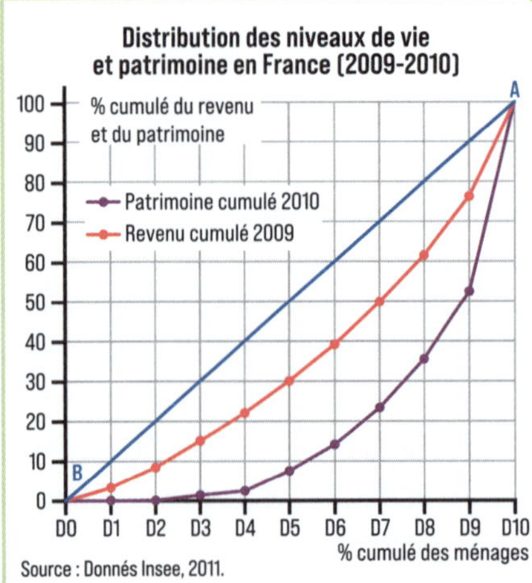

- D'après le graphique, les affirmations suivantes sont-elles vraies ou fausses ?

1. La droite AB représente une situation d'égalité parfaite. V ☐ F ☐
2. Les 70 % les moins riches se partagent 22 % du patrimoine du pays. V ☐ F ☐
3. Les 40 % les moins riches se partagent 60 % des revenus du pays. V ☐ F ☐
4. Les 30 % les plus riches se partagent 50 % des revenus du pays. V ☐ F ☐
5. La répartition des revenus est plus inégalitaire que celle du patrimoine. V ☐ F ☐

Le coefficient de Gini

- La courbe de Lorenz est très souvent associée à un autre indicateur d'inégalités : le **coefficient (ou indice) de Gini**, qui permet de mesurer le **niveau d'inégalité de la répartition d'une variable au sein d'une population**.
- Le **coefficient de Gini** est mesuré par le rapport entre la surface hachurée verte et le triangle à fond bleu sur le graphique p. 102. Il est **compris entre 0 et 1**. Plus il tend vers 1, plus les inégalités de répartition sont élevées; plus il tend vers 0, plus ces inégalités sont faibles. **Certaines institutions internationales** font varier le coefficient de Gini **entre 0 et 100**.

À votre tour !

Évolution du coefficient de Gini (revenu disponible) pour certains pays européens (2008-2019)

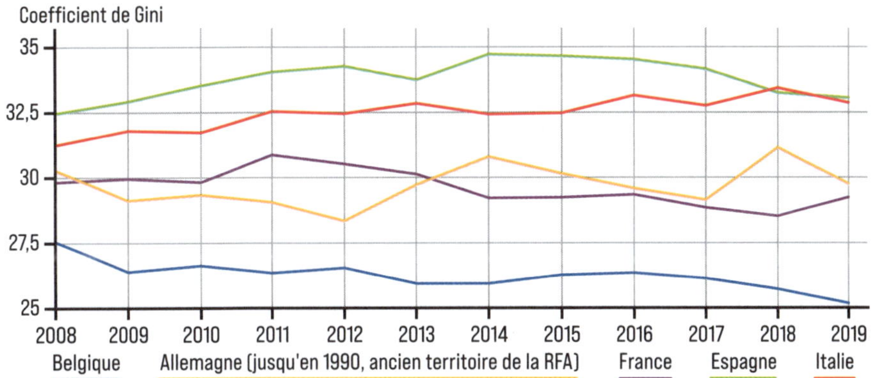

Source : Données Eurostat, 2020.

- **Complétez le texte à l'aide des termes suivants :** Italie; Espagne; France; Belgique; coefficient de Gini; répartition; 27,5; 25.

Le .... mesure les inégalités de ....

Lorsqu'on étudie les inégalités de revenu disponible, il ressort qu'en 2008 comme en 2019, c'est en .... qu'elles étaient les plus fortes parmi les 5 pays étudiés.

Les inégalités de revenu disponible ont augmenté entre 2008 et 2019 en .... et en Espagne et baissé en .... et en Belgique. C'est surtout en .... que la baisse a été la plus forte puisque le coefficient de Gini est passé de .... en 2008 à .... en 2019.

48 Corrélation et causalité

Tle

Les différents types de corrélation

- La **corrélation** désigne un **lien statistique entre deux variables X et Y**. Connaître la valeur de X (ou Y) permet de prévoir la valeur Y (ou X).
- Il faut distinguer **deux types de corrélation** :
  - une **corrélation positive** → les deux variables X et Y évoluent dans le même sens. Lorsque la variable X (ou Y) augmente, la variable Y (ou X) augmente également.
  - une **corrélation négative** → les deux variables X et Y évoluent dans un sens contraire. Lorsque la variable X (ou Y) augmente, la variable Y (ou X) diminue.
- Il y a **absence de corrélation** lorsque la variable X (ou Y) évolue et que l'autre variable ne change pas ou varie sans relation avec la première.

À votre tour !

EXERCICE 1

- Reliez chaque cas à la situation correspondante.

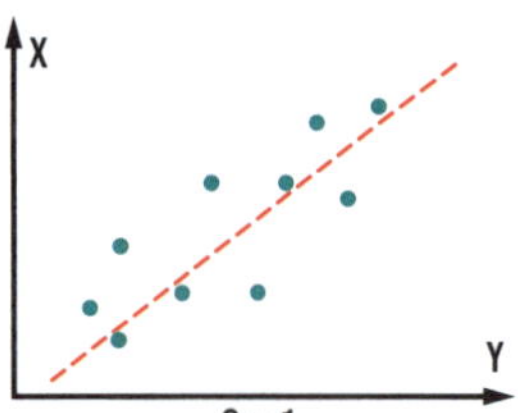

Cas 1

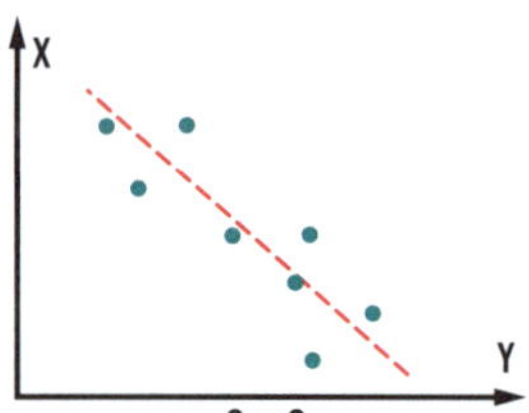

Cas 2

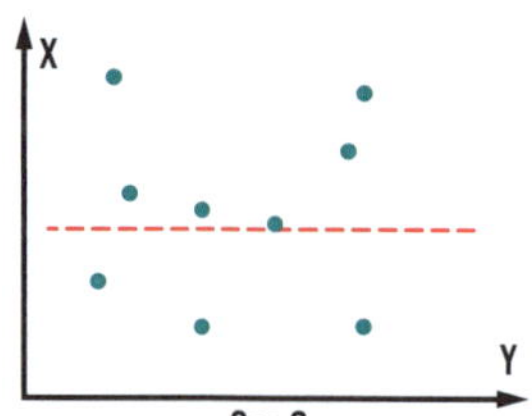

Cas 3

Corrélation négative • Absence de corrélation • Corrélation positive

EXERCICE 2

1. Entourez les deux variables étudiées dans le document p. 105.
2. La corrélation entre les deux variables est-elle négative ou positive ? Justifiez.

....

....

3. Complétez la phrase suivante avec les termes « augmente » et « diminue ».

Lorsque le taux de chômage augmente, le taux d'inflation .... Inversement, lorsque le taux de chômage baisse, le taux d'inflation ....

Relation entre inflation et chômage en France depuis 1973

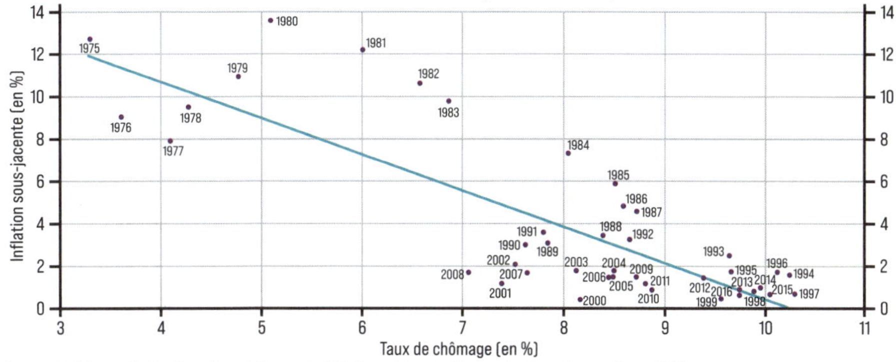

Source : B. Quévat et B. Vignolles, « Les relations entre inflation, salaires et chômage n'ont pas disparu », Insee, 2018.

Établir une causalité

- Lorsqu'une corrélation (positive ou négative) est mise en évidence entre deux variables X et Y, elle peut refléter une **relation de causalité** entre ces deux variables. Il y a une **relation de causalité entre les variables X et Y lorsque la variation de X (ou Y) explique la variation de Y (ou X)**.
- Il faut déterminer le **sens de la causalité** (X → Y ou Y → X) et vérifier s'il n'y a pas une **« troisième variable cachée »**.

À votre tour !

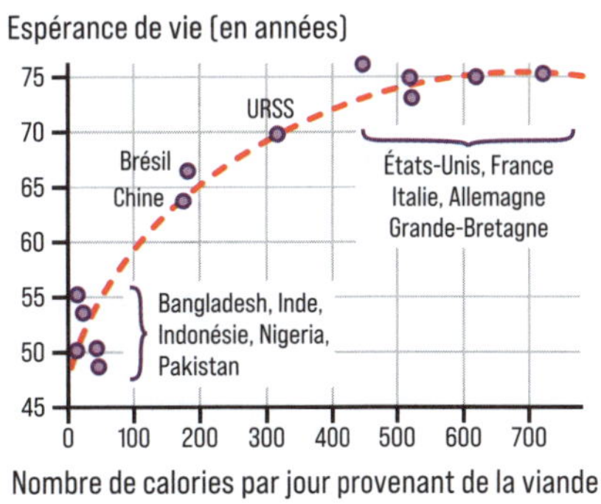

Source : J. Klatzmann, *Attention, Statistiques !*, Éditions de La Découverte, 1996.

1. Entourez sur le graphique les deux variables étudiées.

2. Quelle est la nature de la corrélation entre ces deux variables ?

☐ Positive ☐ Négative

3. Existe-t-il une relation de causalité entre les deux variables ?

☐ Oui, la consommation de viande allonge l'espérance de vie.

☐ Non, il y a une « troisième variable cachée », le niveau de richesse du pays : plus un pays est riche, plus la consommation de viande et l'espérance de vie augmentent.

49 Taux de variation moyen

Tle

Définition

- Les phénomènes économiques et sociaux sont très souvent mesurés de manière dynamique à l'aide du **taux de variation**.
- Cependant, sur des séries longues, il peut être intéressant de « **moyenniser** » la variation d'un phénomène, c'est-à-dire de mesurer cette variation avec un **taux de variation unique** qui serait appliqué de manière identique sur **l'ensemble de la période**. C'est **le taux de variation annuel moyen, aussi appelé taux de croissance annuel moyen (TCAM)**.

$$\text{Taux de variation annuel moyen (TVAM)} = \left(\left(\sqrt[n]{\frac{\text{Valeur d'arrivée}}{\text{Valeur de départ}}}\right) - 1\right) \times 100$$

n = nombre d'années de la période

Illustration

EXEMPLE Le PIB d'un pays passe de la valeur 1 457,7 milliards d'euros à 1 500 milliards d'euros en 6 ans.

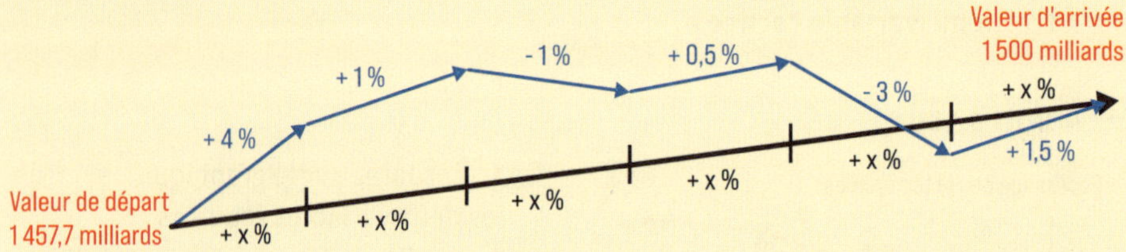

- Pour calculer le taux de variation annuel moyen correspondant à cette évolution, on peut le faire en :
- cumulant les coefficients multiplicateurs correspondant à chacun de ces taux de variation pour les « moyenniser » à l'aide d'une racine n-ième, puis en convertissant :

Taux de variation annuel moyen

$$= \left(\left(\sqrt[6]{(1{,}04 \times 1{,}01 \times 0{,}99 \times 1{,}005 \times 0{,}97 \times 1{,}015)}\right) - 1\right) \times 100$$

$$= +0{,}4\text{, soit } +0{,}4\ \%$$

- appliquant la formule citée dans l'encadré Définition ci-dessus :

$$\textbf{Taux de variation annuel moyen (TVAM)} = \left(\left(\sqrt[6]{\frac{1500}{1\,457{,}7}}\right) - 1\right) \times 100$$

Interprétation

- L'interprétation d'un taux de variation annuel moyen (les éléments entre crochets sont à modifier selon la situation) se formule de la façon suivante :

  Entre [année de départ] et [année d'arrivée], chaque année en moyenne, [le phénomène étudié] a [augmenté/diminué] de [TVAM] % selon [source de l'information].

EXEMPLE En six années, chaque année en moyenne, le PIB de ce pays a augmenté de 0,4 %.

À votre tour !

EXERCICE 1

- La population française augmente de 5 % la première année, puis de 10 % la deuxième. Pour calculer le taux de variation annuel moyen de cette augmentation, il faut faire :

  ☐ (5 % + 10 %)/2 ☐ $\left(\left(\sqrt[2]{(1{,}05\times 1{,}1)}\right)-1\right)\times 100)$ ☐ Les 2 formules sont correctes

EXERCICE 2

- Pour chaque proposition, indiquez la bonne réponse.

  a. Au cours des trois dernières années, la consommation des Français a augmenté de 2 %, puis elle a baissé de 5 % et a enfin augmenté de 1 %.
  La consommation sur ces 3 années a :

  ☐ augmenté de 2,1 % ☐ diminué de 3 % ☐ augmenté de 8 % ☐ diminué de 2,1 %

  b. Quel est le coefficient multiplicateur correspondant ? ....

  c. Quel est le TVAM correspondant ? ....

EXERCICE 3

- De 2012 à 2019, M. Martin a vu son pouvoir d'achat baisser en moyenne de 0,7 % par an. Calculez les taux de variation annuels permettant de compléter cette pyramide.

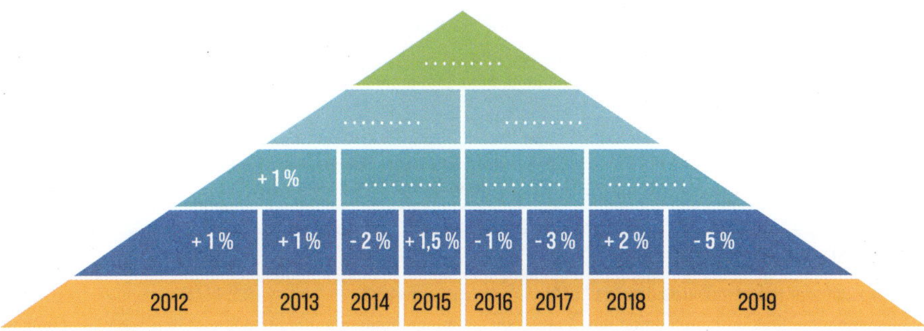

50 Mesurer en valeur et en volume

Valeur ou volume ?

Mesurer en volume et non en valeur permet de **comparer des évolutions** exprimées dans des **unités monétaires dont la valeur change** (liée à la variation des prix, comme l'inflation).

Pour comparer des grandeurs dans le temps, mesurées en monnaie, on utilise des mesures en **monnaie constante**.

Évolution mesurée en VOLUME
Valeurs **réelles** (ou à prix constants, c'est-à-dire aux prix d'une année de référence) = **euros constants**

Évolution mesurée en VALEUR
Valeurs **nominales** (ou à prix courants, c'est-à-dire aux prix de l'année en cours) = **euros courants**

→ À votre tour !

EXERCICE 1 1re

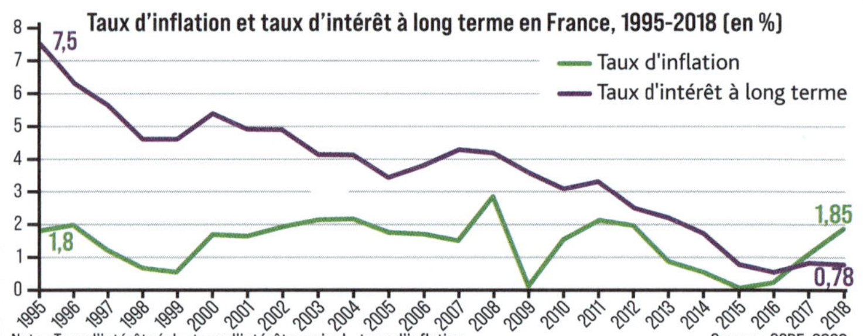

Note : Taux d'intérêt réel = taux d'intérêt nominal - taux d'inflation. Source : OCDE, 2020.

1. Entourez en rouge la zone A, B ou C montrant l'importance du taux d'intérêt réel.

2. Est-il possible qu'un taux d'intérêt réel soit négatif ?
- ☐ Oui, si le taux d'intérêt nominal est inférieur à l'inflation
- ☐ Non, le taux d'intérêt nominal est toujours supérieur à l'inflation

3. Entourez en bleu l'année où le taux d'intérêt réel est le plus élevé.

4. En 2018, le taux d'intérêt réel est de : ☐ 1,85 ☐ 1,07 ☐ - 1,07

EXERCICE 2 Tle

	Évolution du produit intérieur brut (PIB) de 2014 à 2018		
	2014	2016	2018
À prix courants (en milliards d'euros)	2 149,8	2 234,1	2 360,7
À prix constants (en milliards d'euros 2014)	2 149,8	2 197,5	2 288,2

• Insee, Comptes nationaux - Base 2014.

- À l'aide du tableau p. 108, cochez vrai ou faux.

1. Le PIB de 2014 à prix constants et à prix courants a la même valeur parce qu'on utilise ici des euros constants 2014. Vrai ☐ Faux ☐
2. Pour connaître l'évolution en volume du PIB français, il faut lire les données de la première ligne. Vrai ☐ Faux ☐

Comparer des montants

- **Comparer des montants** pour une année donnée ne pose pas de difficulté. En revanche, au cours du temps, la **monnaie change de valeur** et les prix se modifient.
- Pour comparer des revenus, le PIB, etc., entre plusieurs années, on mesure ces montants avec les prix d'une **année de référence**, on garde les **prix constants**. Il faut **déflater** la série statistique, ce qui revient à corriger des effets de l'inflation.

À votre tour !

EXERCICE 1

Un livre de poche coûte environ 8 euros en 2019. Il coûtait l'équivalent de 1,60 euro en 1970. Entre 1970 et 2019, les prix ont en moyenne été multipliés par 7,66.

1. Complétez le tableau ci-dessous.

	1970	2019
Prix d'un livre de poche en euros courants	1,60	8
Indice des prix à la consommation	100	766
Prix en euros constants 1970	....	....
Prix en euros constants 2019	....	....

2. En euros constants, le prix du livre de poche a baissé de 1970 à 2019.
☐ Vrai ☐ Faux

EXERCICE 2 Tle

1. En prenant l'année de référence 2018, base 100, calculez l'indice du PIB 2019 :
   - à prix courants en sachant qu'en 2018 le PIB s'élevait à 2 360,7 milliards d'euros et, en 2019, à 2 425,7 milliards. → Indice A = ...
   - En volume du PIB en sachant qu'en 2018 le PIB s'élevait à 2 288,2 milliards d'euros 2014 et, en 2019, à 2 322,7 milliards. → Indice B = ...
2. Quel indice mesure le mieux l'augmentation du PIB (effet volume) ?
☐ Indice A ☐ Indice B

51 Tableaux à double entrée

Principes et lecture

- Les tableaux à double entrée permettent de **croiser différentes variables afin de rechercher leurs liens** (corrélation/causalité Fiche 48 p. 104).
- Afin de savoir s'il faut commencer par lire les informations des lignes ou celles des colonnes, **vous devez repérer** :

- **Le titre**, pour bien comprendre ce qui est étudié dans le tableau et comment celui-ci a été construit. Cela vous permet de repérer quels sont les ensembles, les sous-ensembles.
- **Les lignes ou colonnes « Ensemble » ou « Total »** qui donnent aussi des indications de lecture. **Repérez où sont les 100** : si les 100 sont au bout des lignes, il faudra commencer par lire le tableau en ligne ; si les 100 sont au bout des colonnes, il faudra commencer par lire le tableau en colonnes.

! *Parfois, les « 100 » n'apparaissent pas dans les tableaux : à vous de les retrouver (via des calculs) afin de lire le tableau dans le bon sens.*

Table de mobilité (origines) : origine de l'enquêté selon sa catégorie socioprofessionnelle actuelle d'appartenance (en %)

PCS de l'enquêté / PCS du père de l'enquêté	Agriculteur exploitant • PCS1	Artisan, commerçant, chef d'ent. • PCS2	Cadre et profession intellectuelle sup. • PCS3	Profession intermédiaire • PCS4	Employé • PCS5	Ouvrier • PCS6	Ensemble
PCS1	72	8	5	7	8	10	9
PCS2	5	27	15	13	12	10	13
PCS3	4	12	30	15	8	4	13
PCS4	3	12	21	20	12	9	14
PCS5	3	8	9	11	12	9	14
PCS6	13	33	19	34	48	58	41
Total	100	100	100	100	100	100	100

Champ : Actifs (35-59 ans) nés en 1955 et 1979.

Note : Le total des colonnes n'est pas toujours exactement égal à 100 en raison des arrondis à l'unité.

Insee, Enquêtes Emploi 2010-2014 et Formation et qualification professionnelle 2014-2015.

Site
Principes de lecture et exemples
hatier-clic.fr/21cses013

Le titre nous indique que les données illustrent ici une répartition (en %) : les enquêtés (ensemble) sont répartis selon leurs catégories socioprofessionnelles actuelles d'appartenance comparées à celles de leurs pères (sous-ensembles).

Les **100** sont au bout de chaque colonne, il faut donc commencer par lire l'information donnée par la colonne.

EXEMPLE En France, en 2014, 13 % des agriculteurs nés entre 1955 et 1979 avaient un père ouvrier.

Analyse

Souvent, **le tableau sera accompagné d'une question (consigne)** vous demandant de retrouver les informations principales mises en évidence par le tableau. Pour les repérer, il faut attacher une importance particulière aux **valeurs les plus fortes**.

À votre tour !

Table de mobilité (destinées) : catégorie socioprofessionnelle de l'enquêté selon celle de son père (en %)

PCS de l'enquêté / PCS du père de l'enquêté	Agriculteur exploitant PCS1	Artisan, commerçant, chef d'ent. PCS2	Cadre et profession intellectuelle sup. PCS3	Profession intermédiaire PCS4	Employé PCS5	Ouvrier PCS6	Total
PCS1	17	6	10	17	25	25	100
PCS2	1	14	19	24	26	16	100
PCS3	1	7	41	28	17	7	100
PCS4	0	6	24	32	24	13	100
PCS5	1	5	15	26	34	19	100
PCS6	1	6	8	20	34	32	100
Ensemble	2	7	17	24	28	22	100

Champ : Actifs (35-59 ans) nés en 1955 et 1979.
Note : Le total des lignes n'est pas toujours exactement égal à 100 en raison des arrondis à l'unité.
● Insee, Enquêtes Emploi 2010-2014 et Formation et qualification professionnelle 2014-2015.

1. Faut-il ici commencer par lire les informations en ligne ou en colonne ?
- ☐ En ligne
- ☐ En colonne

2. Quelle est la phrase de lecture correcte ?
- ☐ En France, sur 100 agriculteurs nés entre 1955 et 1979, 17 avaient un père agriculteur, selon l'Insee en 2014.
- ☐ En France, sur 100 fils d'agriculteurs nés entre 1955 et 1979, 17 sont devenus agriculteur, selon l'Insee en 2014.

3. Que représente la diagonale matérialisée par un fond jaune sur le tableau ?
- ☐ La mobilité sociale (changement de position des fils par rapport aux pères)
- ☐ La reproduction sociale (même position pour les fils et les pères)

4. Pour quelle PCS la tendance à la reproduction semble être la plus forte ?
- ☐ Les professions intermédiaires
- ☐ Les employés
- ☐ Les cadres
- ☐ Les agriculteurs

52 Représentations graphiques
(de répartition, d'évolution)

Les représentations graphiques de répartition

- Il est possible de représenter graphiquement une série statistique dont chacune des données appartient à un ensemble de référence commun. Cela revient à **représenter la part relative de chaque sous-ensemble dans la série**.
- Le **diagramme circulaire** (A) et **l'histogramme** (B) sont couramment utilisés comme représentations graphiques de répartition.

EXEMPLE Graphiques A et B sur la répartition des compétences numériques des Français, d'après une étude menée par l'Insee en 2017 (en %)

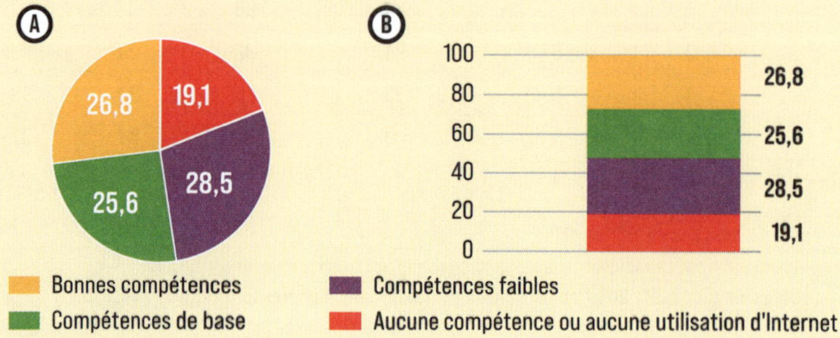

→ À votre tour !

- Vrai ou faux ?

a. Il s'agit d'une représentation graphique d'évolution. Vrai ☐ Faux ☐

b. Les données de cette série statistique appartiennent à un même ensemble. Vrai ☐ Faux ☐

c. La représentation graphique est un diagramme circulaire. Vrai ☐ Faux ☐

d. En 2019, 10 % des personnes handicapées en emploi en France appartiennent à la PCS des professions intermédiaires. Vrai ☐ Faux ☐

e. La PCS la plus répandue chez les personnes handicapées en emploi est celle des employés. Vrai ☐ Faux ☐

Catégorie socioprofessionnelle des personnes handicapées en emploi en France en 2019 (en %)

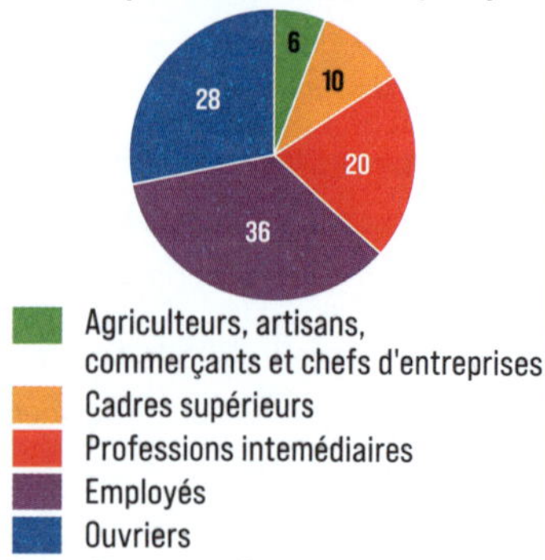

Source : Données Insee 2019, © Observatoire des inégalités.

Les représentations graphiques d'évolution

- Il est possible de **représenter graphiquement l'évolution** (hausse, baisse, stabilité) **d'une série statistique**.
- Cette représentation graphique peut prendre la forme d'une **courbe d'évolution** (C) si le phénomène étudié est continu (par exemple, pour une évolution dans le temps). Il peut s'agir également d'un **diagramme en bâtons** (D) si le phénomène étudié est discontinu, c'est-à-dire pour des variables isolées les unes des autres (les bâtons ne sont alors pas reliés entre eux).

! *Un même graphique peut représenter une évolution, mais également une répartition, comme le diagramme en bâtons ci-dessous (graphique D).*

C Évolution du nombre d'emplois salariés en France (2010-2020)

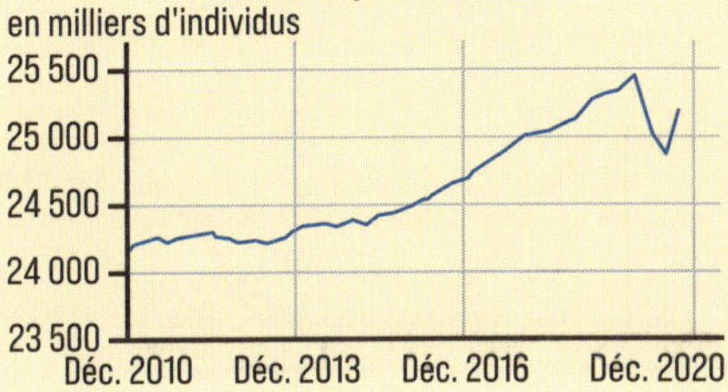

Soure : Données Insee, 2020.

D Part des personnes consacrant tous les jours au moins 1 h à la cuisine et aux tâches domestiques

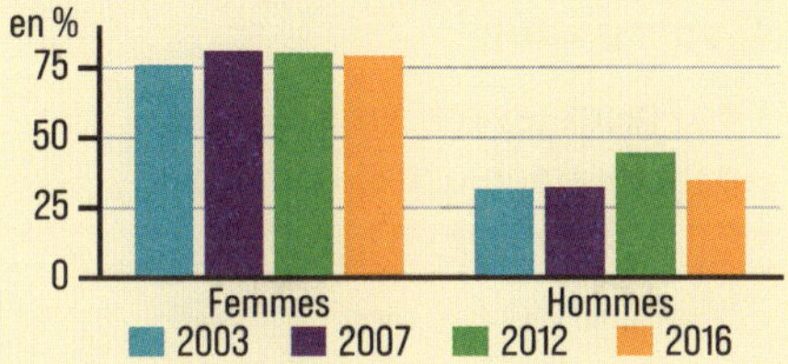

Source : Institut européen pour l'égalité entre les hommes et les femmes, © Observatoire des inégalités, 2020.

À votre tour !

Évolution du taux de chômage en France entre 1981 et 2020

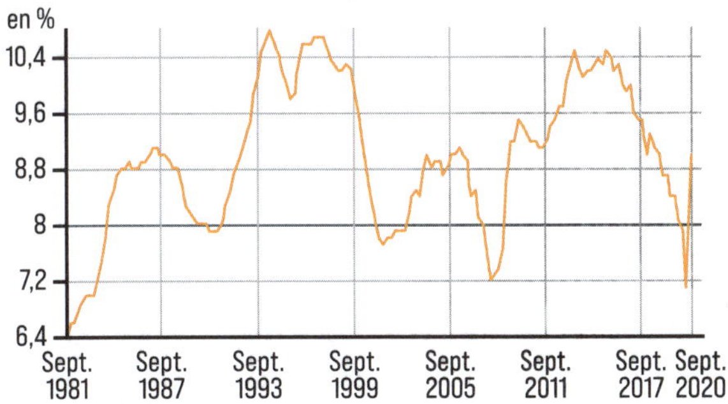

Source : Données Insee, 2020.

- Quelle est la nature de l'évolution pour les périodes suivantes : hausse, baisse ou stabilité ?
  - Période 1981-1987 ....
  - Période 1987-1990 ....
  - Période 1997-2001 ....
  - Période 2006-2008 ....

53 Représentations graphiques de fonctions simples

Offre, demande et prix

- L'**offre** est une **fonction croissante du prix** : lorsque le prix augmente, les quantités offertes augmentent. La **demande** est une **fonction décroissante du prix** : lorsque le prix augmente, les quantités demandées diminuent.
- La rencontre entre l'offre et la demande détermine le **point d'équilibre** du marché, caractérisé par un **prix d'équilibre (P*)** et une **quantité d'équilibre (Q*)**.

À votre tour !

- Placez les termes suivants dans le graphique ci-contre : Offre ; Demande ; Point d'équilibre ; P* ; Q*.

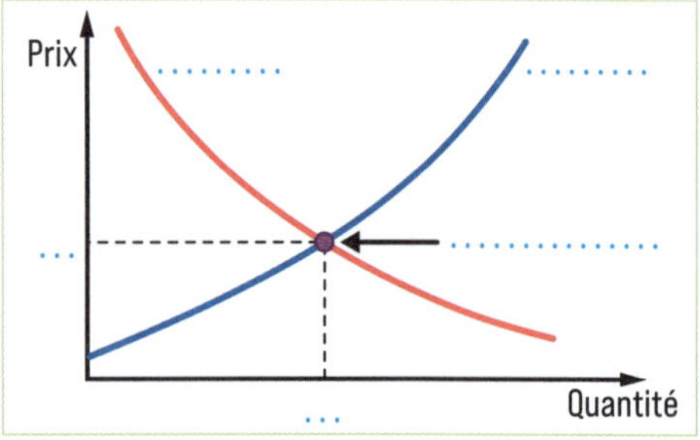

Analyser les pentes des courbes d'offre et de demande

- Lorsque la **pente** de la courbe d'offre ou de demande est forte/faible, une **variation des prix a un impact** très faible/très important sur les quantités offertes ou demandées.

À votre tour !

- Dans quel cas la demande est-elle la plus sensible à la variation du prix de P1 à P2 ?
  - ☐ Demande 1
  - ☐ Demande 2

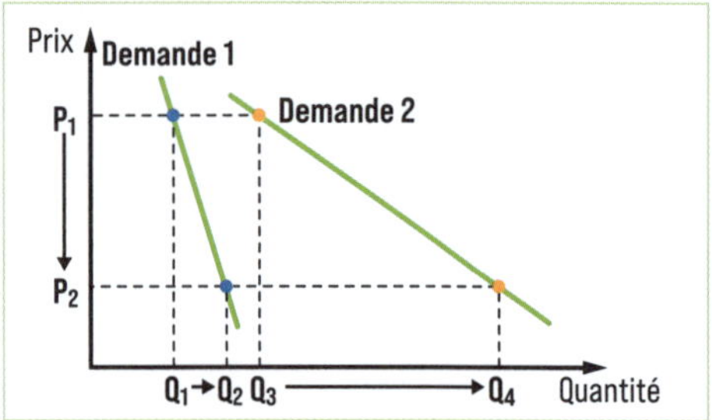

Analyser les déplacements des courbes

- **Si la demande diminue/augmente, la courbe de demande se déplace** vers la gauche/vers la droite : le prix d'équilibre diminue/augmente, ainsi que la quantité d'équilibre.
- **Si l'offre diminue/augmente, la courbe d'offre se déplace** vers la gauche/vers la droite : le prix d'équilibre augmente/diminue, tandis que la quantité d'équilibre diminue/augmente.

À votre tour !

- Complétez le tableau suivant pour chacun des événements.

	Impact sur l'offre ou la demande ?	Déplacement vers la droite ou vers la gauche ?	Hausse ou baisse du prix d'équilibre ?	Hausse ou baisse de la quantité d'équilibre ?
Le pouvoir d'achat des ménages augmente	....	....	....	....
Baisse du prix de l'électricité pour les entreprises	....	....	....	....

Coût moyen, coût marginal

- Le **coût moyen** (ou coût unitaire) est le **coût par unité produite** :

CM = Coût total / quantité produite

Il est décroissant dans un premier temps (rendements d'échelle croissants), puis croissant (rendements d'échelle décroissants), ce qui lui donne une forme en « U ».

- Le **coût marginal** est le **coût lié à la production d'une unité supplémentaire**. Il correspond donc à la variation du coût total entre deux unités produites. Il coupe le coût moyen en son minimum **(A)**.

À votre tour !

- Complétez le schéma ci-contre à l'aide des termes suivants : Coût moyen ; Coût marginal ; A.

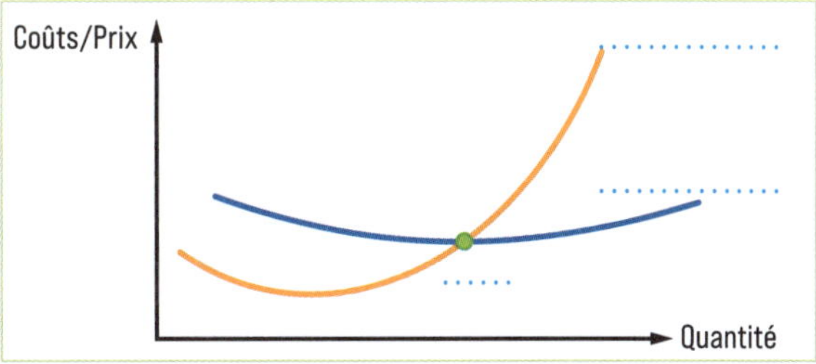

54 Graphique en radar

Tle

Les principes

- Les radars (ou graphiques en toile d'araignée) sont composés de **plusieurs axes, partant tous du point central**. Il y a **autant d'axes qu'il y a de catégories étudiées**.
- Les **« meilleures » valeurs** sont en général situées sur l'**extérieur du graphique**.

Site
Principes de lecture et exemples
hatier-clic.fr/21cses014

Résultats de Léo (en noir) et moyenne de la classe de 2de6 (en rouge) au 1er trimestre

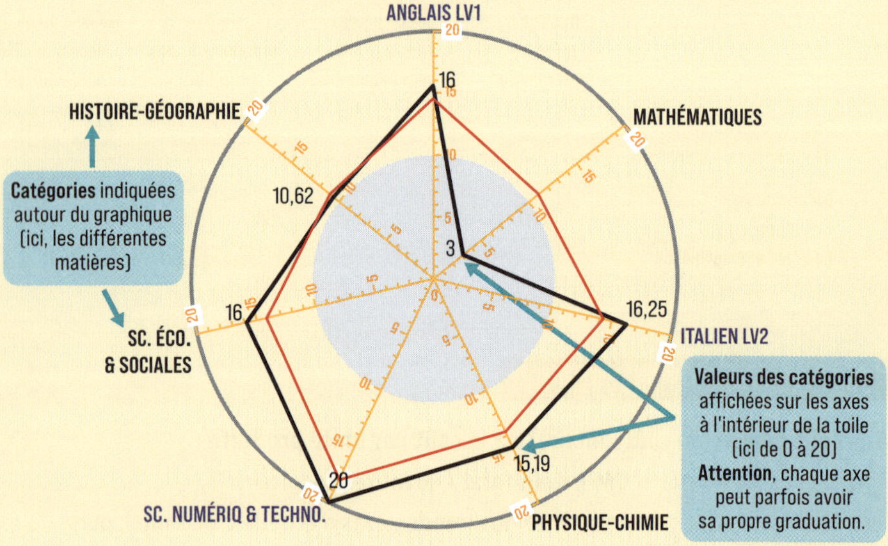

À votre tour !

EXERCICE 1

1. Quelle moyenne Léo a-t-il obtenu en mathématiques ? ....
2. Dans quelles matières Léo a-t-il obtenu :
   - une meilleure moyenne que la classe ?

   ....

   ....
   - une moins bonne moyenne que la classe ?

   ....

EXERCICE 2

Le « radar » de l'économie française

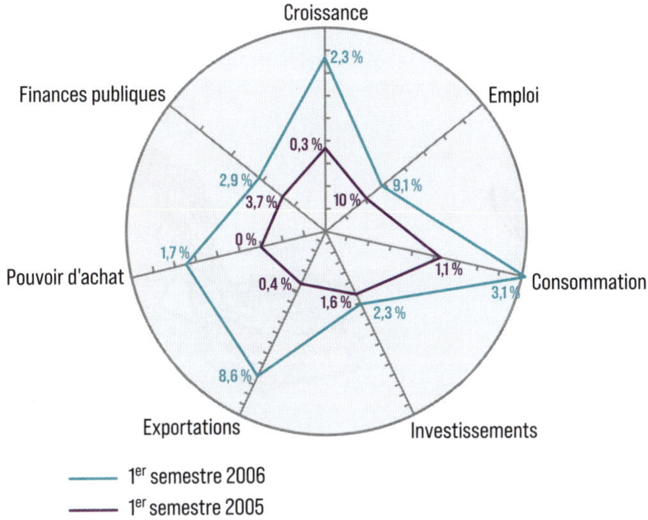

Croissance, Consommation, Investissement, Exportations, Pouvoir d'achat : Rythme annualisé de croissance premier semestre 2005 et premier semestre 2006

Finances publiques : $\frac{\textit{Déficit}}{\textit{PIB}}$ 2004 et 2005

Emploi : taux de chômage juin 2005 et mai 2006

Sources : Insee et Ministère de l'Économie et des Finances, 2007.

- Vrai ou faux ?

a. Il y a 7 catégories étudiées dans ce radar. V ☐ F ☐

b. Tous les axes sont gradués de la même façon. V ☐ F ☐

c. La croissance était plus forte en 2006 qu'en 2005. V ☐ F ☐

d. Il y avait plus de chômage en 2006 qu'en 2005. V ☐ F ☐

e. Les exportations ont davantage augmenté en 2005 qu'en 2006. V ☐ F ☐

f. Le déficit public était moins fort en 2006 qu'en 2005. V ☐ F ☐

g. Globalement, la situation économique de la France est meilleure en 2006 qu'en 2005. V ☐ F ☐

h. Les finances publiques se sont améliorées en 2006. V ☐ F ☐

PARTIE 4 Les méthodes

BAC

55 Travailler sur les énoncés (épreuve composée, parties 1 et 2)

Pour réussir les parties 1 et 2 de l'épreuve composée, il convient d'analyser les énoncés des questions posées. Ces énoncés formulent de manière précise certaines **attentes** et donnent des **informations sur les éléments de réponse** à apporter.

Travailler sur les énoncés pour mobiliser ses connaissances

(épreuve composée, partie 1)

La partie 1 de l'épreuve composée est une question notée sur **4 points**.
Celle-ci vise à **vérifier le niveau de maîtrise des notions et mécanismes** du programme de spécialité SES de T^le^ (et parfois aussi de 1re). La bonne compréhension de l'énoncé permet de mieux saisir les attentes.

Exemple de question posée au baccalauréat	Attente
Illustrez par un exemple le fait que l'innovation s'accompagne d'un processus de destruction créatrice.	**A** Illustrer une notion ou un mécanisme
Comment la politique monétaire permet-elle d'agir sur la conjoncture ?	**B** Présenter une notion ou un mécanisme
Comparez les théories des classes sociales de Karl Marx et de Max Weber.	**C** Comparer deux notions ou théories (différences et similitudes)
Quelles sont les différentes formes de l'engagement politique ?	**D** Décrire un phénomène (ses différentes facettes)
Quelles sont les limites de la division du travail ?	**E** Relativiser une notion ou un mécanisme
Quel est le lien entre le progrès technique et la croissance ?	**F** Mettre en relation des notions

Une fois que les attentes de la question ont été correctement perçues, vous devez structurer la réponse de manière à répondre correctement au sujet. Pour ce faire, il est conseillé d'utiliser la **méthode AEI**. Fiche 59 p. 128

Travailler sur les énoncés pour étudier un document

(épreuve composée, partie 2)

La partie 2 de l'épreuve composée est notée sur **6 points**. Les questions posées visent à évaluer la capacité :
- à **collecter et traiter de manière pertinente les informations** issues d'un document;
- à **relier les informations** contenues dans ce document **à vos connaissances**.

Certains énoncés sont donc spécifiques à cette partie de l'épreuve composée car ils sont en lien avec le **document proposé**.

Exemple de question posée	Attentes
À l'aide du document, montrez l'impact de l'origine sociale sur les inégalités scolaires.	G Caractériser une situation ou une relation entre deux variables
Comparez la croissance du PIB français à celle du PIB allemand.	H Comparer des situations
Caractérisez l'évolution du secteur tertiaire en France entre 1950 et 2020.	I Décrire une évolution
Comparez l'évolution des différents prélèvements obligatoires entre 2012 et 2020.	J Comparer des évolutions

À votre tour !

- Indiquez à quel type d'épreuve (partie 1 ou partie 2), puis à quelle attente A à J chaque question renvoie.

	Partie 1 ou 2 ?	Quelle attente ?
Caractérisez l'évolution de la structure socioprofessionnelle française depuis 1950.	....	....
Distinguez la mobilité intergénérationnelle des autres formes de mobilité.	....	....
À l'aide du document, montrez l'impact de la croissance économique sur l'environnement.	....	....
Quelles sont les limites du marché des quotas d'émission ?	....	....
Illustrez par un exemple l'internationalisation de la chaîne de valeur.	....	....
Présentez le lien entre le progrès technique et la croissance.	....	....
Comparez l'évolution des principales prestations sociales entre 2013 et 2019.	....	....
Pourquoi le travail est-il source d'intégration sociale ?	....	....
Comment un soutien de la demande globale permet-il de lutter contre le chômage ?	....	....
Montrez que le niveau de revenu est socialement différencié.	....	....

56 Lire et exploiter un document statistique

Lire le document

Pour lire un document statistique, il faut procéder par étapes.

ÉTAPE 1 **Repérer la nature du document statistique**

Ex. Un tableau à double entrée, un graphique d'évolution, de répartition...

ÉTAPE 2 **Identifier le phénomène étudié**

Ex. Le PIB, le taux de chômage...

ÉTAPE 3 **Identifier les indicateurs utilisés**

Ex. Un pourcentage de variation, de répartition, des indices...

ÉTAPE 4 **Repérer le cadre spatio-temporel** (espace géographique et période étudiés)

ÉTAPE 5 **Identifier la source du document**

Ex. Insee, OCDE...

- Dans un **tableau**, la réponse à ces questions peut se trouver dans le **titre**, les **intitulés** des **lignes** et **colonnes**, les **notes**, le **champ** et la **clé de lecture** (s'il y en a une).
- S'il s'agit d'une **représentation graphique**, il peut être utile de regarder le **nom des variables en abscisse et en ordonnée**.

À votre tour !

Répartition des familles selon leur type et leur composition en 2019

	Effectif	Répartition (en %)
Familles traditionnelles	5 324 000	66,7
Familles monoparentales	1 938 000	24,3
Familles recomposées	723 000	9
Ensemble	7 985 000	100

Étape ....

Étape ....

Étape ....

Étape ....

Lecture : En 2019, 723 000 familles avec au moins un enfant mineur au domicile sont des familles recomposées.
Champ : France hors Mayotte, familles avec au moins un enfant mineur.
• Enquête annuelle de recensement 2019, *Insee Première* n°1 806, juin 2020.

1. Étape 1 : quelle est la nature de ce document statistique ?

☐ Graphique ☐ Tableau à double entrée

2. Complétez la légende en reportant les numéros des étapes 2 à 5 de la méthode en face de chaque couleur.

Exploiter le document pour répondre à une consigne

- Pour répondre à une question, vous devez **sélectionner les données statistiques** pertinentes dans un document afin d'illustrer votre réponse.
- La réponse et le choix des données pertinentes dépendent de la consigne :

– **S'il s'agit de caractériser une évolution**, il faut utiliser des données qui indiquent la (ou les) tendance(s) générale(s) : hausse, baisse, stagnation ;
– **S'il s'agit de comparer deux phénomènes**, il faut choisir des données qui rapprochent les deux phénomènes ou, au contraire, qui les différencient ;
– **S'il s'agit de caractériser un phénomène**, il faut relever les données qui montrent la spécificité de ce phénomène.

À votre tour !

Imaginons la consigne suivante associée au graphique : « À l'aide des données du graphique, comparez le taux de chômage des hommes et des femmes en France, entre 1985 et 2018. »

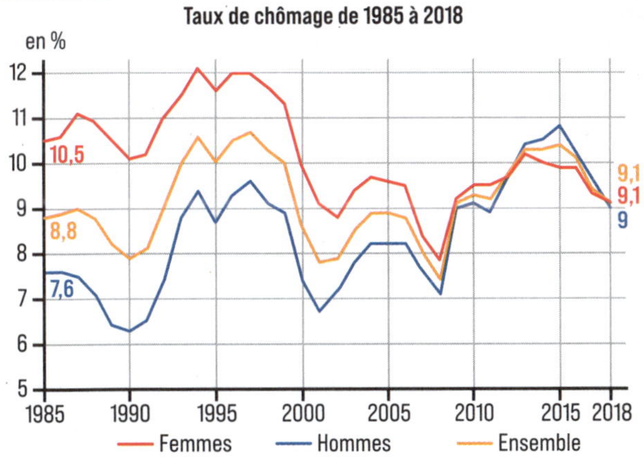

Champ : France hors Mayotte, population des ménages, personnes actives.
Source : Insee, Enquêtes Emploi, 2020.

- **Complétez les phrases suivantes afin d'identifier les deux données statistiques pertinentes permettant de répondre à la consigne.**

a. On note une baisse du taux de chômage des femmes qui passe de .... à .... entre 1985 et 2018.

b. On note une hausse du taux de chômage des hommes, qui passe de .... à .... entre 1985 et 2018.

c. En 1985, le taux de chômage des femmes était supérieur à celui des hommes puisqu'il était de .... contre ....

57 Les 4 étapes pour organiser un raisonnement *(épreuve composée, partie 3)*

• La **partie 3 de l'épreuve composée** consiste en l'élaboration d'un raisonnement organisé, composé d'une **introduction**, d'un **développement** et d'une **conclusion**.

• Ce raisonnement s'appuie sur les **connaissances** acquises dans le cadre du programme et sur un **dossier documentaire fourni**.

Étape 1
Analyser le sujet
Fiche **61** p. 132

Après avoir **défini les notions et mécanismes**, il faut **analyser la consigne** (« Qu'attend-on de moi ? »).

Étape 2
Mobiliser ses connaissances
Fiche **58** p. 126

Recensez les éléments du chapitre (ou des chapitres) que vous avez appris et qui sont, selon vous, utiles à l'élaboration d'une réponse (arguments, auteurs, illustrations en lien avec le sujet...).

Étape 3
Analyser et exploiter les documents
Fiches **56** p. 122 et **60** p. 130

Pour chaque document, il faut :
- **repérer les idées** essentielles ;
- le **relier au sujet** ;
- **sélectionner les données** significatives.

Cette étape 3 peut être effectuée à l'aide d'un tableau :

	Idée principale	Lien avec le sujet	Données utiles
Doc. 1			
Doc. 2			
Doc. 3			

Étape 4
Réaliser un plan détaillé
Fiche **64** p. 138

• Le raisonnement est structuré en **2 à 5 paragraphes**.

• Chaque paragraphe doit être constitué d'une **affirmation**, d'une **explication** et d'une **illustration** (**AEI**).

• Les paragraphes doivent se suivre de manière cohérente et répondre au sujet.

À votre tour !

SUJET À l'aide de vos connaissances et du dossier documentaire, vous montrerez que l'espace social est structuré et hiérarchisé à travers une multitude de facteurs de différenciation sociale.

1. Dans le sujet, soulignez en rouge les notions et en vert les mots de la consigne.

2. Le sujet invite à :

- ☐ Expliquer pourquoi l'espace social est structuré et hiérarchisé
- ☐ Montrer les conséquences de la différenciation sociale sur les inégalités
- ☐ Identifier les facteurs de différenciation sociale

3. Parmi la liste de connaissances suivante, soulignez celles utiles pour répondre au sujet : Niveau de diplôme ; Tertiarisation ; Âge ; Sexe ; Salarisation ; Féminisation de l'emploi ; Position dans le cycle de vie ; Lieu de résidence ; Moyennisation ; Composition du ménage.

4. À quel aspect du sujet le document ci-dessous peut-il être relié ?

- ☐ L'espace social est structuré et hiérarchisé selon l'âge.
- ☐ L'espace social est structuré et hiérarchisé selon la catégorie socioprofessionnelle.
- ☐ L'espace social est structuré et hiérarchisé selon le sexe.

Part des personnes consacrant tous les jours au moins une heure à la cuisine et aux tâches domestiques en 2016

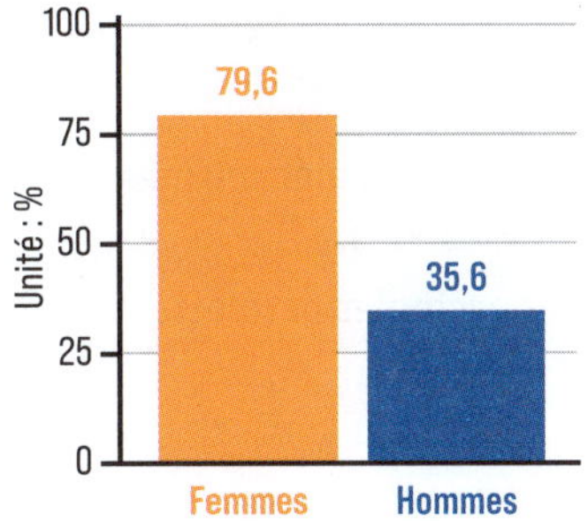

Source : Institut européen pour l'égalité entre les hommes et les femmes, © Observatoire des inégalités, 2020.

5. Les arguments suivant permettent-ils de répondre au sujet ?

a. L'espace social est structuré et hiérarchisé selon le lieu de résidence. Oui ☐ Non ☐

b. L'espace social est marqué par un phénomène de moyennisation. Oui ☐ Non ☐

c. Le niveau de diplôme est un facteur de différenciation sociale. Oui ☐ Non ☐

d. On note récemment une augmentation des inégalités économiques. Oui ☐ Non ☐

58 Mobiliser ses connaissances

- Les différentes épreuves du baccalauréat vous conduiront à mobiliser les connaissances acquises dans le cadre du programme du cycle terminal.
- Cela suppose une **maîtrise des notions et mécanismes** du programme, mais également une **capacité à les articuler correctement avec les différents sujets** proposés.
- La mobilisation des connaissances n'est donc pas une simple compilation d'idées. Celle-ci doit s'appuyer sur un **travail organisé et rigoureux**.

Étape 1 **Analyser le sujet** Fiche 61 p. 132	• Il s'agit ici de : – **définir les notions** qui sont au cœur du sujet ; – **expliciter le sens** de la consigne.
Étape 2 **Recenser les connaissances liées au sujet** Fiche 58 p. 126	• Cette étape doit vous permettre de **retrouver les éléments de cours en lien avec le sujet**. • Ceux-ci peuvent avoir **différentes formes** : – **notions** et **mécanismes** essentiels; – **auteurs** et **théories** incontournables; – **exemples, illustrations**.
Étape 3 **Relier les connaissances au sujet** Fiche 59 p. 128	• Il s'agit ici d'utiliser les éléments repérés lors de l'étape précédente de manière à **élaborer des paragraphes argumentés (AEI)**. • Les notions, mécanismes et théories permettent de rédiger les explications. • Les exemples permettent de rédiger les illustrations.

À votre tour !

EXERCICE 1

- Repérez dans le sujet suivant les éléments qui renvoient aux **notions** et ceux qui renvoient aux **consignes**.

SUJET Pourquoi les frontières entre les classes sociales ont-elles tendance à se brouiller ?

Pourquoi	les frontières entre les classes sociales	ont-elles tendance à se brouiller
....	....	....

EXERCICE 2

Voici le brouillon d'un élève où sont listées les connaissances correspondant au sujet proposé en exercice 1. Classez-les selon leur nature en reportant les lettres a à f dans le tableau.

a. *La toupie de Mendras*
b. *La moyennisation*
c. *L'augmentation de la distance intra-classes*
d. *Classe en soi / Classe pour soi*
e. *La réduction des inégalités économiques pendant les Trente Glorieuses*
f. *Entre 1966 et 2015, le sentiment d'appartenance à la classe moyenne a augmenté de 25 points de pourcentage*

Notions	Mécanismes	Auteurs, théories	Exemples
....	....	....	....
....	....	....	....
	....	....	....

EXERCICE 3

Voici le plan détaillé associé au sujet proposé en exercice 1. Complétez-le à l'aide des termes suivants : culture de masse; classes sociales; individualisation ; rapports sociaux de genre; inégalités économiques.

I. La moyennisation réduit la distance inter-classes

1. La réduction des .... et ses conséquences
2. La scolarisation de masse et ses effets
3. Le développement d'une .... brouille les frontières de classes

II. La multiplicité des critères de différenciation sociale augmente la distance intra-classe

1. Les inégalités économiques traversent les ....
2. Les .... ou d'âge brouillent les frontières de classe
3. La multiplication des facteurs d'..

59 Rédiger une séquence argumentative

• Dans le cadre des différentes épreuves du baccalauréat, vous serez amenés à rédiger des **séquences argumentatives**. Chacune d'entre elles a pour objectif de **convaincre votre lecteur de la pertinence de l'idée** que vous avancez dans le cadre de votre réponse à la problématique.

• Pour être convaincante, une séquence argumentative doit être rigoureusement structurée. Pour cela, il faut procéder en trois étapes, grâce à la **méthode AEI (Affirmation, Explication, Illustration)**.

Étape 1 Affirmation	Il s'agit de **présenter la « thèse »** que vous vous apprêtez à défendre. Il s'agit donc d'une intention de démonstration, qui présente l'argument de manière succincte.
Étape 2 Explication	Celle-ci consiste en un **développement**, une **explicitation de l'argument**. Elle s'appuie sur la mobilisation de notions et de mécanismes issus du cours permettant de défendre l'argument présenté.
Étape 3 Illustration	Elle permet d'apporter au lecteur un **élément de preuve concrète** qui vient appuyer l'explication. Cet exemple peut être trouvé dans les documents proposés ou issu de votre cours.

À votre tour !

• Reconstituez la séquence argumentative en remettant dans l'ordre les trois paragraphes suivants.

Ordre : ....

A En effet, le sociologue E. Goffman a montré que certaines caractéristiques individuelles (physique, comportement, origine) peuvent conduire certains individus à faire l'objet d'une stigmatisation et à être perçus comme déviants. H. Becker a montré qu'il existe un phénomène d'« étiquetage » de certains individus qui sont caractérisés comme déviants par des « entrepreneurs de morale ».

B On constate par exemple que 42 % des hommes demandeurs d'emploi estiment qu'il est acceptable de discriminer une personne du fait de son poids dans certaines situations, ce qui montre bien qu'il existe une stigmatisation, un « étiquetage » des personnes obèses.

C La déviance est tout d'abord le produit d'une stigmatisation ou d'un « étiquetage ».

Structurer sa réponse à l'aide de connecteurs logiques

L'utilisation de **connecteurs logiques** permet de mieux **marquer les différents temps de la séquence argumentative**, ce qui la rend plus convaincante aux yeux du lecteur.

Pour amorcer l'affirmation	Pour amorcer l'explication	Pour amorcer l'illustration
Tout d'abord ; Par ailleurs ; Enfin	En effet ; Car ; C'est-à-dire	Par exemple ; Ainsi

À votre tour !

1. Parmi les paragraphes ci-dessous, soulignez en bleu ceux présentant une explication ; en rouge, ceux présentant une illustration.

Taux de croissance et taux de chômage en France entre 2003 et 2018

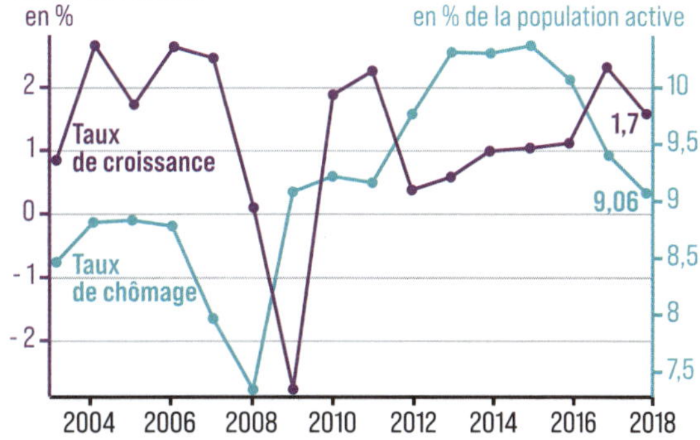

Source : Données OCDE, 2019.

❶ Entre 2008 et 2015, on constate que le taux de chômage en France a augmenté de 3,1 points de pourcentage.

❷ En effet, lorsque l'activité se développe, les besoins en main-d'œuvre augmentent, permettant de diminuer le niveau du chômage. Inversement, lorsque l'activité est en recul, le chômage se développe. Les fluctuations de l'activité économique ont donc un impact sur le chômage : on parle alors de chômage conjoncturel.

❸ En effet, certains travailleurs ne sont pas formés pour occuper les emplois disponibles : il y a un problème d'appariement entre l'offre et la demande de travail.

❹ On constate par exemple qu'après 2008, l'économie française entre en récession, ce qui se traduit par une forte hausse du chômage conjoncturel, qui passe de 7,3 % à plus de 9 % en 2009.

2. Quels sont les deux paragraphes prenant appui sur le document, qui permettent d'expliquer et d'illustrer que la croissance économique a un impact sur le niveau du chômage ?

....

60 Lire et exploiter un texte

Dans le cadre de la dissertation ou de la partie 3 de l'épreuve composée, vous devez être capable de **lire**, puis d'**exploiter des textes** dans votre argumentation (ces textes apparaissent dans les dossiers documentaires fournis).

Lire un texte

Avant de commencer à lire le texte, il faut **au préalable avoir analysé et délimité le sujet** (dissertation ou partie 3 de l'épreuve composée) et **avoir mobilisé ses connaissances** au brouillon.

Étape 1 **Contextualiser le document**	• Étudier la **source** et notamment vérifier si le texte a été écrit par un auteur étudié dans le cours. • Repérer la **date** pour mieux situer le propos.
ÉTAPE 2 **Dégager les idées principales**	• Première lecture rapide pour faire émerger l'**idée générale**. • Seconde lecture plus précise afin de repérer la **structure du texte** : les idées principales, les exemples.

→ À votre tour !

Ci-dessous, un exemple de texte apparaissant dans le dossier documentaire associé au sujet d'épreuve composée suivant : « À l'aide de vos connaissances et du dossier documentaire, vous montrerez que le concept de classe sociale garde une certaine pertinence pour rendre compte de la société française actuelle ».

« Les rallyes sont des groupes informels, dont les membres sont soigneusement sélectionnés par les mères de familles. Ces jeunes apprennent à vivre ensemble, à se connaître et se reconnaître, et finalement à organiser leur vie affective, et sexuelle, en conformité avec les obligations matrimoniales d'une reproduction sociale efficace. Ces rallyes commencent dès l'âge de six à treize ans, par des sorties culturelles, pour se terminer par de grandes soirées dansantes. Les enfants apprennent ainsi que la culture est un élément inséparable de leur vie, qu'elle imprègne leurs relations amicales, que leurs familles sont chez elles partout, [...] qu'il n'y a pas de rupture entre leur monde quotidien et celui des musées, des monuments, des salles de spectacles. Pour eux la culture, c'est la vie. [...] Tant et si bien que le rallye atteint presque toujours son objectif : faire en sorte que les jeunes ne ruinent pas un avenir brillant, un destin hors du commun par une mésalliance qui viendrait rompre le fil de la dynastie, noble ou bourgeoise. »

• Michel Pinçon et Monique Pinçon-Charlot, *Sociologie de la bourgeoisie*, © Éditions de La Découverte, 2016.

1. Parmi les trois problématiques suivantes, choisissez celle qui reformule le mieux le sujet :

- ☐ Pourquoi les classes sociales n'existent-elles plus aujourd'hui en France ?
- ☐ Peut-on encore parler de classes sociales aujourd'hui en France ?
- ☐ Pourquoi le concept de classe sociale conserve-t-il tout son intérêt aujourd'hui en France ?

2. Qui sont les auteurs de cet ouvrage ? ....

3. De quand date cet ouvrage ? ....

4. Soulignez le passage du texte qui exprime l'idée générale.

Exploiter un texte

- Après avoir lu précisément le texte pour en dégager les idées principales, l'étape suivante consiste à **exploiter ces idées principales afin de répondre à une consigne**.
- Il faut tout d'abord **sélectionner les idées principales** du texte **qui répondent au sujet** et mettre de côté celles qui ne lui correspondent pas.
- Vous devez ensuite **intégrer ces idées dans l'argumentation**, soit sous forme de citation courte, soit en les reformulant (en évitant la paraphrase), ou en s'y référant explicitement.

À votre tour !

Les deux paragraphes argumentés proposés ci-dessous s'appuient sur le texte de l'exercice précédent et font référence au sujet proposé dans l'exercice p. 130.

A Le concept de classe sociale conserve tout son intérêt pour comprendre le fonctionnement de la société française actuelle. En effet, « les rallyes sont des groupes informels, dont les membres [...] apprennent à vivre ensemble, à se connaître et se reconnaître, et finalement à organiser leur vie affective, et sexuelle, en conformité avec les obligations matrimoniales d'une reproduction sociale efficace ».

B Le concept de classe sociale conserve tout son intérêt pour comprendre le fonctionnement de la société française actuelle. C'est le cas pour les classes dominantes où la logique de reproduction sociale est particulièrement forte à travers l'exemple des rallyes. En effet, de 6 à 13 ans, les enfants et adolescents issus des familles de la noblesse ou de la grande bourgeoisie se fréquentent très régulièrement lors d'activités culturelles pour favoriser l'entre-soi et, plus tard, l'homogamie.

1. Quel paragraphe ne convient pas car la citation est trop longue et non suffisamment reliée à l'argument ? ....

2. Quel paragraphe est satisfaisant puisqu'il reformule précisément l'idée principale du texte ? ....

61 Analyser un sujet de dissertation

Dans le cadre des épreuves du baccalauréat, l'analyse précise des sujets proposés vous permettra de bien **cibler les attentes** et de **définir une problématique**. L'analyse du sujet est une étape cruciale qui détermine la qualité de votre raisonnement.

Comment analyser un sujet de dissertation ?

L'analyse du sujet suppose d'effectuer un travail méthodique, par étapes, qui permet de saisir les enjeux du sujet et de définir un axe de réponse, la problématique.

Étape 1 **Mobiliser ses connaissances** ▶ Fiche **58** p. 126	• Il s'agit tout d'abord de déterminer à quel chapitre du programme le sujet se rattache, ce qui vous permet alors de **délimiter les savoirs mobilisables.** • Il s'agit ensuite, au brouillon, de **repérer et définir les notions** qui apparaissent dans le sujet. • Enfin, il faudra **mobiliser les connaissances** qui n'apparaissent pas dans le libellé du sujet mais qui sont utiles pour le traiter (théories, auteurs, exemples, etc.)
Étape 2 **Définir le cadre spatio-temporel**	Il est nécessaire d'identifier à quelle **période** et dans quel(s) **lieu(x)** le sujet prend place. Le cadre spatio-temporel peut être suggéré par le sujet ou par les documents.
Étape 3 **Analyser la consigne**	• L'objectif est de repérer les **mots de la consigne** permettant de déterminer la manière de traiter le sujet. Il peut être utile de **reformuler le sujet** pour vérifier que les enjeux sont compris. • L'analyse de la consigne détermine la **problématique**.

→ À votre tour !

EXERCICE 1

Voici le brouillon d'un élève qui a réalisé l'analyse du sujet de dissertation suivant : « Les principales évolutions de la population active française dans la seconde moitié du XXe siècle ».

- Indiquez pour chaque paragraphe l'étape d'analyse du sujet correspondante :
❶ Mobilisation des connaissances ❷ Définition du cadre spatio-temporel
❸ Analyse de la consigne

Étape .... *Ce sujet porte sur la population active française, sur une période précise, qui est la seconde moitié du XXe siècle (de l'après Seconde Guerre mondiale jusqu'à aujourd'hui).*

Étape .... *Le sujet invite à décrire, caractériser les évolutions, c'est-à-dire les changements qui ont marqué la population active française. Il faut donc repérer des tendances, des processus qui ont lieu sur la période concernée.*

Étape .... *La population active : ensemble des actifs occupés et inoccupés, c'est-à-dire ceux qui occupent un emploi et ceux qui en recherchent un activement et qui sont disponibles pour travailler. Le sujet nous invite à décrire les évolutions et donc différents processus qui ont affecté la population active française : élévation du niveau de qualification, salarisation, tertiarisation, féminisation de l'emploi.*

EXERCICE 2

- Pour chaque sujet proposé, cochez la bonne reformulation de la problématique.

SUJET 1 Comment le progrès technique contribue-t-il à la croissance ?

☐ Quelles sont les causes du progrès technique ?

☐ De quelles manières le progrès technique permet-il une hausse de la production ?

SUJET 2 Le recours au protectionnisme est-il souhaitable ?

☐ Nous verrons si les pays ont intérêt à mettre en œuvre le protectionnisme.

☐ Nous verrons quels sont les inconvénients liés à la mise en œuvre du protectionnisme.

SUJET 3 Quels sont les effets du marché unique sur la croissance ?

☐ Nous verrons que le marché unique a eu des effets contrastés sur la croissance.

☐ Nous verrons comment le marché unique a permis de stimuler la croissance.

EXERCICE 3

- Parmi les notes du brouillon ci-dessous, soulignez celles qui ne permettent pas de répondre au sujet suivant : « Comment expliquer les difficultés de mise en œuvre d'une politique climatique ambitieuse ? »

Étape 1 — Mobilisation des connaissances	Étape 3 — Analyse de la consigne
• *L'action publique est contrainte par l'influence de groupes de pression.* • *L'action publique est contrainte par une logique de court terme.* • *Les questions environnementales peuvent être mises à l'agenda politique.*	• *Le sujet invite à s'intéresser aux effets d'une politique climatique ambitieuse.* • *Expliquer les difficultés revient à énumérer plusieurs facteurs qui freinent ou bloquent l'action publique en faveur de l'environnement.*

62 Les 5 étapes pour réaliser une dissertation

Lors de l'épreuve de spécialité en Tle, **deux sujets de nature différente**, une dissertation s'appuyant sur un dossier et une épreuve composée de trois parties distinctes, sont proposés au **choix du candidat**.

Si vous avez choisi la dissertation, il faut **savoir organiser son travail** sur les **4 heures** que dure l'épreuve. Fiche 7 p. 18

Étape 1 **Analyser le sujet** Fiche 61 p. 132	**Comprendre le sujet** est nécessaire pour répondre correctement au problème posé. Cette étape dépend des connaissances acquises sur le(s) chapitre(s) concerné(s) par la question. ! *Une mauvaise compréhension du sujet peut entraîner un hors sujet.*
Étape 2 **Mobiliser ses connaissances** Fiche 58 p. 126	**Il s'agit de recenser les éléments** du chapitre (ou des chapitres) que vous avez appris et qui sont, selon vous, utiles à l'élaboration d'une réponse. ! *Ne pas montrer toutes ses connaissances, mais seulement celles en lien avec le sujet.*
Étape 3 **Étudier les documents** Fiche 56 p. 122 et 60 p. 130	**Exploiter des informations** tirées des documents statistiques (ou du texte) permet d'illustrer une idée. Il s'agit de montrer sa capacité de lecture, de compréhension, voire de calcul, en manipulant des données quantitatives. ! *On ne peut pas rendre une copie sans données statistiques reliées au sujet.*
Étape 4 **Organiser un plan** Fiche 64 p. 138	À la suite des étapes 1 à 3, il faut **formuler une problématique pour répondre au sujet**. Veillez à relier vos éléments de réponse à cette problématique afin de construire un **raisonnement organisé**, avec 2 ou 3 parties et des sous-parties. ! *La conclusion doit être le bilan du raisonnement et apporter les éléments de réponse à la question posée. Elle permet de vérifier la cohérence du plan.*

Étape 5
Rédiger le devoir
Fiches **59** p. 128 et **65** p. 140

Finaliser le travail en rédigeant le devoir au propre.
Il s'agit de produire une introduction, puis de réaliser la rédaction de séquences argumentatives pour les sous-parties du plan et, enfin, de finir par une conclusion.

Veillez à soigner votre copie et l'orthographe grâce à une relecture attentive.

À votre tour !

- Sur le modèle des exemples donnés, indiquez à quelle étape 1 à 5 correspond chaque activité.

Étape n°	Activité à mener pour réaliser une dissertation
1 et 4	Reformuler le sujet en cherchant une problématique répondant à la question
2	Relever les notions du cours utiles au sujet
3	Établir un lien entre les documents et la problématique
4	Organiser son raisonnement en parties et sous-parties
5	Rédiger une introduction, les séquences argumentatives de chaque sous-partie et la conclusion
....	Effectuer une relecture pour améliorer sa copie et limiter les fautes d'orthographe
....	Expliciter les mots du sujet pour comprendre ce qu'il faut faire
....	Effectuer une lecture correcte des données quantitatives
....	Relever les données qui peuvent illustrer les arguments
....	Définir les notions du sujet
....	Associer les séquences argumentatives aux différentes sous parties
....	Relier les éléments de connaissances et ceux issus des documents aux parties et sous-parties
....	Rédiger au propre sur la copie
....	Relier le thème du sujet au(x) chapitre(x) étudié(s) pour se remémorer les auteurs ou théories, les mécanismes, les faits...

63 Exploiter un dossier documentaire

- La partie 3 de l'épreuve composée et la dissertation proposent un sujet s'appuyant sur un **dossier documentaire composé de 3 ou 4 documents** de natures diverses (3 pour la partie 3 de l'épreuve composée et 4 pour la dissertation).
- Ces documents constituent un **point d'appui essentiel de votre argumentation** car ils fournissent des données pour illustrer vos arguments.
- L'exploitation d'un dossier documentaire nécessite une **démarche rigoureuse et organisée**.

Étape préalable **Analyser le sujet** ▶ Fiches **58** p. 126 et **61** p. 132	• **Comprendre la consigne** afin de saisir les attentes du sujet (débat, analyse, etc.) ; • **Mobiliser les connaissances** en lien avec le sujet.
Étape 1 **Comprendre les informations**	Cette étape permet de **prendre connaissance des documents.** **1. Identifier le contexte de chaque document** - La nature du document (texte, tableau, graphique). - La source et la date de parution. - L'unité utilisée (dans le cas d'un document statistique). - La période concernée et le cadre spatial. **2. Décrypter le contenu de chaque document** - Identification du thème du document / de l'idée principale. - Lecture correcte des données statistiques. - Structure et organisation des textes.
Étape 2 **Exploiter les informations**	Il s'agit ici d'**interpréter** les documents et de les **relier** au sujet. **1. Faire le lien entre chaque document et le sujet (c'est-à-dire avec les parties de votre plan).** **2. Identifier les données les plus significatives** (évolutions majeures ; écarts importants ; citations marquantes). **3. Intégrer des exemples** issus des documents dans votre argumentation. ▶ Fiche **59** p. 128

À votre tour !

Voici deux documents issus du sujet de dissertation suivant :
« Quel lien existe-t-il entre les inégalités sociales et les inégalités scolaires ? »

Document 1

Proportion d'élèves en retard à l'entrée en 6e selon leur origine sociale (rentrée 2018)

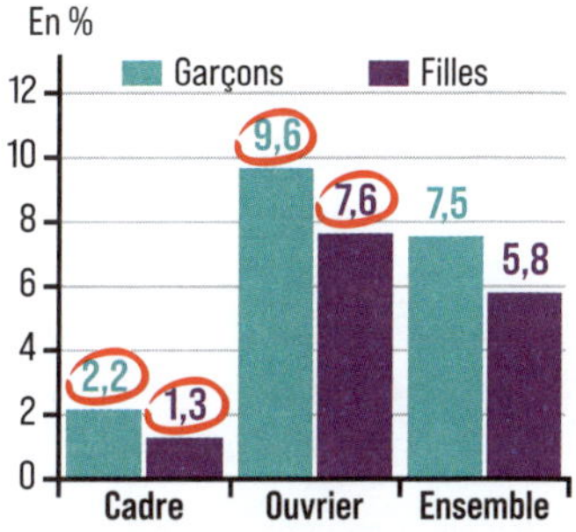

Note : En 2018, 11,8 % des élèves entrant en 6e et venant d'une école publique appartenant aux réseaux d'éducation prioritaire (REP ou REP+) avaient au moins un an de retard, contre 5,9 % pour les élèves venant d'une école n'appartenant pas à ce dispositif.

Source : DEPP-MENJ, « Repères et références statistiques sur les enseignements, la formation et la recherche », 2019.

Document 2

« L'intérêt de la mixité dans les classes n'est plus à démontrer. Lorsqu'on mélange les élèves de niveaux différents et que les plus forts interagissent avec des plus faibles, ils deviennent encore plus forts. L'hétérogénéité, est un facteur de progression pour les plus faibles, mais aussi pour les plus forts. [Les] familles, par leurs stratégies scolaires, font preuve de ce que j'appelle une « partialité légitime » visant à assurer l'avenir de leur enfant. Les parents réagissent comme des acteurs rationnels dont les choix visent à favoriser leur enfant par tous les moyens. Quand ils demandent, par exemple, que celui-ci intègre une section bilangue, c'est une façon de s'assurer qu'il sera dans une classe de bon niveau académique, qui progressera plus ou plus vite qu'une autre. »

Marie Duru-Bellat, « En France, l'école laisse s'accroître les inégalités », propos recueillis par Séverin Graveleau, © *Le Monde*, 14 sept. 2015.

- Dans le plan proposé ci-dessous, soulignez les parties auxquelles vous pouvez associer les données entourées dans le document 1 et le passage souligné dans le document 2.

I. **Les inégalités sociales influencent la réussite scolaire**

a. Un fort capital culturel familial favorise la réussite scolaire

b. Le capital économique crée un contexte favorable à la réussite scolaire

c. Le capital social est déterminant dans les trajectoires scolaires

II. **Les inégalités scolaires renforcent les inégalités sociales**

a. Le niveau et la nature du diplôme influencent la position sociale

b. La rentabilité des diplômes est plus forte dans les milieux aisés

c. L'absence d'hétérogénéité dans les classes peut freiner la réussite scolaire des élèves les plus faibles

64 Réaliser un plan détaillé

Repérer le type de sujet et de plan

Pour réaliser un plan détaillé, la première étape consiste à repérer le type de sujet afin de choisir un type de plan. Pour simplifier, trois types de sujets peuvent être distingués.

LE SUJET DE DISCUSSION		
Principe	**Formulation**	**Plans possibles**
Débattre d'une thèse en présentant des arguments favorables et les nuances/limites de ces arguments.	Le sujet commence le plus souvent par : « Dans quelle mesure... », « Peut-on dire que... »	Le plan est de nature dialectique, de type « oui, mais », « non, mais ».

LE SUJET D'ANALYSE		
Principe	**Formulation**	**Plans possibles**
Rechercher les causes et/ou les conséquences d'un phénomène.	– Causes (« Comment peut-on expliquer que... ») ; – Conséquences (« Quels sont les effets de... »).	– Causes : économiques/sociales ; structurelles/conjoncturelles ; externes/internes... – Conséquences : directes/indirectes ; positives/négatives ; quantitatives/qualitatives...

LE SUJET DE MISE EN RELATION		
Principe	**Formulation**	**Plans possibles**
Montrer comment un phénomène A agit sur un phénomène B, et parfois réciproquement.	Comment A agit sur B ? Quels sont les liens entre A et B ?	– A avec B/A sans B ; – Les différents impacts de A sur B ; – Les effets de A sur B/de B sur A.

À votre tour !

● À quel type de sujet les libellés suivants renvoient-ils ?

1. Le travail est-il source d'intégration sociale ?
2. Quels sont les effets des institutions sur le chômage ?
3. Dans quelle mesure peut-on dire que les classes sociales existent toujours ?
4. Comment explique-t-on l'engagement politique ?
5. La croissance économique est-elle compatible avec la préservation de l'environnement ?

a. Sujet de discussion
b. Sujet d'analyse
c. Sujet de mise en relation

Trouver et organiser ses dées

- Une fois le type de sujet et de plan identifié, **la seconde étape consiste à trouver des idées qui répondent au sujet** à partir des connaissances personnelles et du dossier documentaire. Assurez-vous que chaque idée :
  - apporte un élément de réponse à la problématique;
  - ne soit pas redondante avec une autre idée;
  - fasse l'objet d'une séquence argumentative (méthode AEI Fiche 59 p. 128).
- **La troisième étape nécessite d'organiser ces idées à l'intérieur du plan** envisagé dans la première étape. Classez tout d'abord vos idées à l'intérieur des deux ou trois parties (I, II, III) de votre démonstration, puis faites la même chose à l'intérieur de chaque partie pour dégager deux ou trois sous-parties par partie (A, B, C).

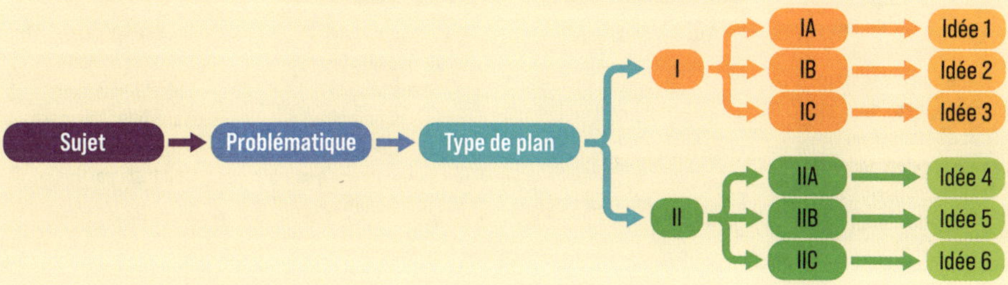

À votre tour !

- À partir du sujet suivant : « Dans quelle mesure le travail est-il source d'intégration sociale ? », reliez chaque idée à la partie de plan correspondante.

1. Le travail favorise la cohésion sociale par son rôle socialisateur.
2. La précarisation croissante des emplois fragilise le rôle intégrateur du travail.
3. Le taux de chômage élevé remet en question l'intégration par l'emploi.
4. Le travail favorise l'intégration sociale en ce qu'il procure des droits sociaux aux salariés.
5. La polarisation de la qualité des emplois affaiblit le rôle intégrateur du travail.
6. Le travail est une source d'intégration sociale à travers les revenus qu'il procure.

I. Le travail, une source d'intégration sociale centrale

II. Certaines évolutions de l'emploi remettent en question le rôle intégrateur du travail

65 Rédiger une introduction et une conclusion

L'introduction et la **conclusion** sont des passages incontournables d'une dissertation.

Rédiger une introduction

Les quatre étapes de l'introduction

1. **Rédaction d'une accroche** : Capter l'attention du correcteur tout en lui présentant un des enjeux du sujet (fait d'actualité en lien avec le sujet, donnée statistique pertinente, citation, etc.)
2. **Formulation d'une problématique** : Axe principal suivi pour répondre au sujet
3. **Définition des notions** : Expliciter le sens des notions mobilisées dans le sujet (les définitions peuvent être formulées en même temps que la problématique)
4. **Annonce du plan** : Elle indique au correcteur le cheminement choisi pour répondre au sujet (plan en deux ou trois parties)

À votre tour !

- Voici une introduction pour le sujet suivant : « Le travail est-il source d'intégration sociale ? ». Complétez la légende ci-dessous en associant chaque couleur de surligné aux étapes 1 à 4 de l'introduction.

....

....

La crise sanitaire de la Covid-19 a entraîné une importante crise économique liée au confinement de la population qui a fragilisé l'activité économique de nombreuses entreprises. Un grand nombre de salariés ont ainsi perdu leur emploi et leur statut au sein des organisations productives auxquelles ils appartenaient, en même temps que les relations professionnelles qu'ils avaient nouées. Cet exemple montre à quel point le travail, qui désigne une activité rémunérée en vue de produire un bien ou un service, a un rôle essentiel pour les individus, dans la mesure où il multiplie les liens entre les membres d'une même société. Le travail joue donc un rôle essentiel dans l'intégration sociale, qui est un processus aboutissant au partage de valeurs communes, de buts communs entre des individus au sein d'une société ou d'un groupe social. Cependant, le travail a connu récemment de profondes mutations qui modifient son impact sur l'intégration sociale. Ainsi, dans quelle mesure le travail permet-il aujourd'hui d'assurer l'intégration des individus ?

Nous verrons dans un premier temps que le travail permet l'intégration des individus, puis nous verrons que les mutations du travail ont remis en question son rôle intégrateur.

Rédiger une conclusion

Les trois étapes de la conclusion

① Réponse au sujet
Rappeler la problématique et montrer comment vous y avez répondu de manière générale

② Reprise des temps forts du développement
Faire le bilan de la dissertation, en rappelant les principaux arguments développés dans les grandes parties du raisonnement

③ Ouverture (facultative)
Situer le sujet dans une perspective plus large Attention, cette ouverture doit être reliée au sujet

! *Vous ne devez pas ajouter de nouvelles connaissances dans la conclusion.*
La conclusion ne doit pas vous amener à refaire le raisonnement déjà exposé dans le développement : il s'agit simplement de rappeler les différentes étapes du plan et les grandes idées qui y sont associées.

→ À votre tour !

1. Les différentes parties de la conclusion suivante, répondant au sujet : « Le travail est-il source d'intégration sociale ? », ont été mélangées. Replacez-les dans le bon ordre.

Ordre : ....

A *Le rôle du travail dans la cohésion sociale doit cependant aussi être considéré au regard d'autres instances qui assurent la cohésion sociale, comme l'école ou la famille.*

B *Néanmoins, les évolutions de l'emploi (chômage, précarité) tendent à affaiblir son rôle intégrateur et déstabilisent certains travailleurs, qui peinent à trouver leur place dans la société. Ce phénomène est aggravé par la polarisation de la qualité des emplois.*

C *Le rôle du travail dans l'intégration sociale est donc aujourd'hui discuté, notamment dans un contexte de mutation des formes de l'emploi.*

D *Nous avons pu voir en effet que le travail occupe une place centrale dans l'intégration sociale des individus : il leur procure un revenu et une identité sociale, liée à la place qu'ils occupent dans le processus de production. Il contribue ainsi à assurer la cohésion sociale.*

2. Soulignez ensuite les mots de liaison permettant d'articuler les différentes parties de la conclusion entre elles.

66 Les étapes vers le Grand oral

Tle

- L'épreuve du Grand oral a lieu **en juin** et **se prépare tout au long de l'année de Tle**, surtout en mars, après les épreuves finales de spécialité.
- Vous devez préparer **deux questions portant sur vos deux spécialités** ; le jury en choisira une sur les deux le jour du Grand oral. Chacune de ces questions peut concerner soit **une seule de vos spécialités, soit les deux en même temps**.

Préparer son projet de Grand oral

Étape 1 **Choisir le thème en lien avec le projet d'étude**	Chaque question doit être reliée à un projet de poursuite d'études, voire à un projet professionnel précis. Ce **projet** d'études (ou professionnel) doit donc être **envisagé dès le mois de septembre**.
Étape 2 **Choisir une question liée au programme**	• Chaque question doit être adossée à un ou des **enjeux du programme de Tle**. • Les éléments de réponse apportés doivent s'appuyer sur le programme de 1re et Tle de la (ou des) spécialité(s).
Étape 3 **Construire une réponse argumentée**	• La **réponse** doit être **structurée, organisée et présentée sur une durée de 5 minutes**. • Vous devez **répondre à la problématique** en vous appuyant sur le contenu du programme de 1re et Tle de la spécialité et en mettant en avant vos **capacités argumentatives**.

Connaître les critères d'évaluation

Qualité orale	Communication non verbale (débit, gestes, regard...).
Qualité de la prise de parole en continu	Communication verbale (vocabulaire, niveau de langue, articulation...).
Qualité des connaissances	Maîtrise du sujet présenté et du (ou des) programme(s).
Qualité de l'interaction	Échange dynamique avec le jury ; réponses développées.
Qualité de l'argumentation	Capacité à convaincre ; structure et pertinence du propos.

Passer le Grand oral

- Le jour de l'épreuve, **le jury sélectionne une des deux questions** préparées. Vous disposez alors de **20 minutes de préparation** avant de passer pendant **20 minutes devant un jury**.
- **La phase de préparation doit servir à vous remémorer les points-clés de l'argumentation.** Il faut retrouver les éléments qui permettront de répondre à la question sélectionnée par le jury en vous appuyant sur le travail réalisé au cours de l'année.
- **Le passage à l'oral se découpe en trois temps**

1. La réponse à la question 5 min

Vous disposez de **5 minutes** (à respecter impérativement) **pour présenter à l'oral la réponse** à la question sélectionnée par le jury. Vous devez avoir appris votre présentation car vous n'aurez droit à aucune note écrite à l'oral.

Il est conseillé de fournir un support écrit au jury pour l'aider à suivre la présentation.

2. L'échange avec le jury 10 min

Pendant **10 minutes**, le **jury évalue la solidité des connaissances et des compétences argumentatives** en s'appuyant sur l'ensemble des programmes de 1re et T^{le} des deux spécialités. Il faut avoir bien révisé les programmes des spécialités en amont de cette épreuve.

3. L'échange sur le projet d'orientation 5 min

Pendant **5 minutes**, vous devez **justifier le lien entre votre projet d'orientation et la question traitée** pendant les 5 premières minutes de l'oral. Il faut présenter votre démarche de réflexion suivie tout au long de l'année de T^{le}, vos motivations pour la poursuite d'études et, enfin, l'intérêt des choix effectués (choix de spécialité notamment).

À votre tour !

1. Vrai ou faux ?

a. Le jour de l'épreuve, vous passez directement devant le jury. Vrai ☐ Faux ☐

b. Le passage à l'oral devant le jury dure 20 minutes. Vrai ☐ Faux ☐

c. Le jury peut vous interroger sur les programmes de 1re et Tle des deux spécialités. Vrai ☐ Faux ☐

d. Vous avez le droit à des notes écrites lors du passage à l'oral. Vrai ☐ Faux ☐

e. Il est recommandé de fournir un support écrit au jury. Vrai ☐ Faux ☐

2. Quels sont les principaux critères d'évaluation ?

☐ La maîtrise de vos connaissances sur le sujet présenté

☐ La qualité de votre support

☐ Votre capacité à argumenter sur un sujet

☐ Votre capacité à réciter un exposé appris par cœur

Crédits photographiques

- Portait de Georges Pompidou, p. 71 : ph© François Pagès / Paris-Match / La Documentation française
- Portait de Karl Marx, p. 77g : coll. International Institute of Social History, Amsterdam
- Portait de Max Weber, p. 77d : doc. Wikipedia

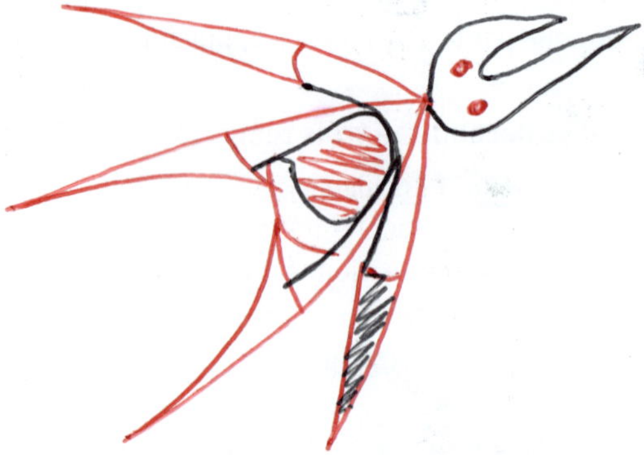

Édition : Sophie Huttepain

Conception graphique : Emmanuelle Garnot

Mise en page : Emmanuelle Garnot

Infographie : Jean-Luc Guérin

Illustrations : Marygribouille

Iconographie : Hatier illustration

Imprimerie Champagne

PAPIER À BASE DE FIBRES CERTIFIÉES

Hatier s'engage pour l'environnement en réduisant l'empreinte carbone de ses livres. Celle de cet exemplaire est de : 750 g éq. CO_2 Rendez-vous sur www.hatier-durable.fr

IMPRIM'VERT. Votre imprimeur agit pour l'environnement

Achevé d'imprimer par l'Imprimerie de Champagne à Langres — France
Dépôt légal : 07749-2/01 — Avril 2021